100人先生

横浜の東アジア

100人先生

横浜の東アジア

2015年 8月1日(金)～11月3日(月・祝)

日直　開発好明

100人先生て、なんだろう?と思いますよね。

今回は、370万人が暮らす神奈川県横浜市に教室を設け、様々なジャンルの講座やワークショップを100コマ行いました。

「先生」と聞くと多くの人が、大層な気がして「私なんて」と謙遜されますが、自慢する程ではないけれど、考えてみたら、ちょっと「えっへん!」と思えるような事ならなんでも参加OKなのです。自分では、大した事ではないと思っていた事が、他人と共有してみたら凄く面白い事だったり、ちょっと不思議だなと調べてみたらうっかり歴史的大発見になったり。

そんな事と出会えたら素敵ではないですか。

多くの事が、ちょっとした疑問から生まれていたり、共通認識だと思っていたことが意外とそうではない事に、各講座での知識交換によって気づく事ができるのです。100人先生の魅力は、世間体など関係無い、「誰もが先生、誰もが生徒」になれる、新たな視点を持ち込んだ講座が豊富に行われるところです。若者が大人に教えたり、子供がお年寄りに教えたりと様々なシチュエーションで行われます。

例えば、今回参加してくれた、ガチャガチャ先生の関川さんは、自分の好きな会社のガチャガチャだけを集め紹介して頂きました。より多くの玩具を集める事で、玩具以上にその会社の理念やこだわりなどが見えてきたりもします。

そして今回の副題にもなっている東アジアの夢ですが、横浜開港と共に、上海、香港間に定期船航路運行され、現在では中華街エリア内に500店以上の店舗があり、日本最大かつ東アジア最大の中華街を抱える横浜の地域性を生かし、中国や韓国などの講座も積極的に行いました。

例えば、天野さんによるラー油先生。ご自身で厳選した唐辛子とサラダオイルで簡単な作り方を教えて頂きました。体験するまでラー油はスーパーで買う物と思っていた人が、一回経験するだけで簡単に作れる事を知り、生活に幅が生まれます。そして世の中の多くが細分化されてしまっていますが、その多くが自身で行える事実を講座によって再認識して行きます。

今回のこの講座を通じて、横浜の地に子供から大人まで楽しめ、誰もが先生、生徒の立場を替えながら新たなものへの興味や、経験を深め知識の共有と文化が横浜から東アジアへと広がることを期待しています。

001 応援先生 開発好明
002 韓国先生 チェ・ソン
003 タコ釣り先生 黒田大祐
004 パーカッション先生 クワンスンクン
005 フィールドデッサン先生 金澤文利
006 身体先生 村田峰紀
007 予備校先生 塩川 岳
008 空気よめない先生 坪倉良和
009 心中先生 足立 寛
010 竹先生 松本秋則
011 利き腕先生 鈴木泰人
012 上海先生 潘逸舟
013 脚先生 中川達彦
014 ラー油先生 天野太郎
015 マイブック先生 柵木愛子
016 精進料理先生 藤井まり
017 おいしくなーれ先生 wato
018 古代火起し先生 吉川陽一郎

019 焙煎先生 フクマカズエ
020 ベリーダンス先生 片山有美子
021 ガチャガチャ先生 関川 歩
022 観音先生 高杉嵯知
023 雨乞い先生 未知研究会 雨乞い隊
024 武器先生 柴田漢央
025 現代詩先生 三角みづ紀
026 ギャラリーホップ先生 リュウリン
027 美術とエロ先生 木村絵理子
028 フォルム先生 樗見紀美
029 回転木馬先生 テラミチ健一朗
030 猫先生 秋山直子
031 バスバー先生 南 武士
032 法律鉄道先生 関川雄介
033 口琴先生 らるふ
034 チヂミ先生 キム・スヒャン
035 ノイズ先生 Low-Tec
036 地下鉄先生 黒田一樹

037 自然育毛先生 戎小次郎
038 ダム先生 琉
039 焼き芋先生 チョウハシトオル
040 広東語先生 ジョイさん
041 くんくん先生 井上尚子
042 ダンス先生 ヨネエリ
043 エイジング先生 伊藤加奈子
044 ダウジング先生 堤 裕司
045 震災避難者支援先生 梶雅之
046 鏡文字先生 佐藤友梨
047 レースクイーン先生 矢沢隆則
048 羽釜先生 ひな
049 段ボール先生 島津冬樹
050 仮面先生 大川原脩平
051 コレクター先生 塩入敏治
052 ライトボトル先生 樫村和美
053 ムビラ先生 スミ・マズィタテグル
054 新聞バック先生 タカムラノリコ

100人先生

横浜の東アジア

100人先生　第

本日　2時より

応援先生

001

応援先生

開発好明

一九六六年山梨県生まれ。

［応援歴］

二〇〇一年現代美術製作所にて初応援。ビン底眼鏡のまじめな学生、二〇〇四年ギャラリーTEZZにて二回目の応援。帰国子学生に「日本語が苦手なのを応援して欲しい」と言われ応援、二〇一四年バンカートスタジオNYKにて一〇年ぶりに応援復活。「誕生日の父親を応援して欲しい」と動画を携帯で撮影し送って喜ばれる。時代共に応援の形態も変化してきている。

大学在学中から展覧会やパフォーマンスを積極的に取り入れた作品を発表してきました。発表の初めの頃は、作品の一部として作家が存在し、展覧会の期間中に作品をより良く、もしくはより多くの人に見てもらうための行為として行っていた。その後、作品を作るペースと制作意欲のペースがずれ、作品制作とパフォーマンスが分離し発表を行う事になった。単純に発表の回数を増やすため、物を必要としない身体だけの表現が増えたという事です。応援先生を始めたきっかけは、完全に物を必要としないパフォーマンスとは何なのかを考えた時のひとつの答えでした。会場で出会った人から大声で応援して欲しい悩みなどき聞き出します。最初はそんな個人的な悩みを打ち明けてくれるか不安もありましたが、やってみると意外に打ち明けてもらえました。我々にとって応援活動は身近な存在ですが、個人を大声で応援する文化はありません。しかしこの単純な大声で誰かに応援してもらう事は例え他人であっても心地よく体に響き渡るからこそ、本音を引き出し喜ばれるのだと思います。

8月1日［金］

002

韓国先生

チェ・ソン

一九七三年一一月五日韓国生まれ。ソウルの弘益大学で美術を専攻。二〇一一年「新・港村〜小さな未来都市」(横浜)に参加。第12回ソンウン・アート・アワード大賞受賞(二〇一二年)。

保護色つくり

私には、絵の具で多様な色をつくるのがとても楽しくて不思議な経験である。

絵を描き始めてから数十年も経った今でも、その度々違う絵の具の色をつくりだすことは、いつも興味深々である。

3つの基本的な色を基に虹の色を真似いで見ると、茶色のつくり方が気になった。

すでにミックスされた色を再び混ぜることで色々な茶色のつくり方がわかった。

赤、青、黄色の基本的な3つの色を混ぜて世の中の全ての色を作れるという事実は、自分自信を保護するためその都度、肌の色をかえるカメレオンの能力のように、アートが私たちに与えてくれるもっとも原初的な楽しみではないだろうか。

100人 先生　第2回.3回
100人先生
2時 韓国先生 チェソン 3/100
3時 タコ釣り先生 黒田大祐 3/100 8月2日

8月2日[土]

003

タコ釣り先生

黒田大祐

一九八二年五月六日京都府生まれ。

[タコ釣り歴]

一九九二年川に入り網で魚を捕獲していたの止めて釣りを始める。後に釣り中毒となり、高校進学と同時に断釣りするも、大学入学と同時に自制しつつ再開。二〇〇七年広島県広島市宇品プリンスホテル裏浮き桟橋周辺でタコ釣り習得。この頃から、芸術で養った応用力をタコ釣りに生かし、変則タコ釣りを始める。二〇一四年開発好明氏作品「一〇〇人先生」でBankART1929にてタコ釣り先生として指導。長崎県対馬市木坂でアーティストにイカ釣りも指導。後進の指導にも熱心。

「おいタコ」「タコ野郎」「タコ助」と「タコ」という言葉は悪口として用いられることが多いのですが、私はこの言葉を一度も悪い意味に捉えたことがありません。なぜなら、タコは高い知能を持った非常に魅力的な生き物だからです。頭がいいだけではなく視覚や嗅覚、触覚も優れており、しかもグニャグニャしています。大人が失いがちな柔軟性をも持ち合わせているのです。

そんな「タコ」をいかに釣るか。

そうです。その辺に落ちているものを応用して釣るのです！というわけで、本講座は、賢いタコをその辺に落ちているものを応用して釣るための、タコ釣り入門講座です。

＊タコ釣りは食糧危機が迫る現代にこそ必要な知恵ではありますが、最近はヒョウモンダコという猛毒（死ぬ）のタコもいるようなので、受講生はくれぐれもタコを釣ってもむやみに食べないようにしてください。

8月2日［土］

004

パーカッション先生

クワンスンクン

一九八六年九月八日韓国生まれ。ノリダンに、二〇〇六年から二〇〇八年、二〇一三年から二〇一四年に在籍。Rapercussion に、二〇一〇年から二〇一三年在籍。

TambooBambooは、トリニダード・トバゴの打楽器です。一八八一年、奴隷達の演奏は、侵略者たちによって禁止されました。侵略者はドラム演奏によって秘密のメッセージが伝達され、社会的混乱を招き、黒人達の間に暴動が起きることを恐れました。一八九〇年代、トリニダード・トバゴの奴隷達は、竹をいろいろの長さに切り出し、地面を叩き、また竹同士をぶつけ合わせ音を出しました。このような竹を使った演奏は、一九三四年に禁止されましたが、今日トリニダード・トバゴで楽器として用いられています。抑圧と苦難の時間が人々を創造的にしたのだと、私は思います。なにかを誠心誠意欲するのならば、目の前にある状況は大きな困難にはなりません。

8月3日〔日〕

005

フィールドデッサン先生

8月3日［日］

金澤文利

一九六二年埼玉県生まれ。現在福島県立博物館学芸員。福島県の被災地を巡り感じたことを伝えたくて初応援させていただきました。フィールドデッサンは東日本大震災の二週間後、福島県相馬市の避難所で南相馬市の避難者と過ごした日々から始まりました。当時の相双地区の様子、避難者の言葉、被災地の状況、仮設住宅の暮らしなどを今もなお追い続けています。その中からわたしは表現者の一人として「見えないものを見出したい」という思いでデッサンし続けています。

わたしは東日本大震災以降福島県のフィールドを追い続けその変化を見つめています。今回の応援では、震災後の避難所での記録を紹介させていただきました。東日本大震災が原因で福島には様々なことが起きました。地震・津波で集落が壊れたり、原発事故で生活を脅かされ、今なお目に見えてるすべてが目に見えない「何か」によって翻弄されています。わたしは震災後現地に行って被災地のお手伝いをしながら多くの人達に会いたくさんお話を聞きました。どうしても避難している人たちはメディアの前では頑張ってしまう。本音を覆って　きちんと真面目　に答えてしまうのです。なので避難所の皆さんとのんびりと世間話をする中から、つぶやいたり、嘆いたり、怒ったり笑ったりする「ことば」を拾い集めました。その「写真と言葉」をスライドにして説明させていただきました。そして今回会場では横浜の放射線の音、福島の放射線の音も聞いていただきました。「音」で比較し感じることで来場者の皆さんに「何か」が伝わったようです。

006

身体先生

村田峰紀

一九七九年群馬県前橋市に生まれる。二〇〇三年初めての個展で身体を使った作品を発表。パフォーマンスというものだと気づく。blanClass（横浜）にて初めて「板書形式パフォーマンス」のワークショップを行う。二〇一二年小鷹商店（東京）、タマダプロジェクト（東京）、元立誠小学校（京都）、二〇一三年ブザンソン美術大学（フランス）、二〇一四年BankART1929（横浜）にて発表。


初めての個展にて何を出来るのかわからずひたすらドローイングを書いた。

それを映像におさめようと映像に撮った所、それがパフォーマンスという表現だと気づく。

今後も自分に出来る身体表現の追求を続けていく。

それは言語化出来ない身体感覚を示すドローイングパフォーマンスであろう。

辞書に文字を消す動作の様なグルグルっというドローイングを書き重ねていくパフォーマンスが初めてのパフォーマンスであった。熱量と筆圧の強さにより辞書は原型をなくし意味が拡散する形に変貌する。

板書形式パフォーマンスワークショップは二〇一〇年にblanClass（横浜）で初めて行った。僕が黒板に書く熱量のあるドローイングを観客が自身のノートに板書していくというものだ。場所を変え、大きさを変え、あらゆる場所で感じ得るなにかをドローイングにして伝えてきた。

今回の身体先生では参加者にコピー用紙を渡し好きな大きさに繋ぎ合わせてもらい僕のドローイングから受ける何かを書き写してくれたのだと感じている。

8月4日［月］

007

予備校先生

塩川 岳

一九六六年東京都生まれ。
一九九七年〜 芸大美大受験・東京武蔵野美術学院講師。
美術教育に危機感を持ち、教育現場に「子どもとアーティストが出会う機会づくり」を行っている。

8月5日〔火〕

一〇〇人先生の講義では、東京藝大や美術大学の開学のエピソードや歴史を交えながら、芸大美大の入試の現状について話をした。

芸大美大に入学するためには「1浪2浪はあたりまえ」の時代があった。ほんの一〇年前の話だ。今は科を選ばなければ誰でも入れる時代だ。どうしてこうなったのだろう。

特に受験生の減り方が顕著なのが、絵画科や彫刻科といったファインアートだ。受験者がこの一五年で実に4分の1にまで減ってしまった。大学が専門家（美術家）をつくることが使命なのはわかるが、全員が美術家になるわけではない。大学を出たらどうするのか・・？という出口をはっきりと示せていないことが大きな原因ではないか。初年度二〇〇万円もの学費を払ってそれが4年間である。男子の比率が極端に少ないのもここに原因があるのではないか。

男子しか入れなかった東京美術学校（東京藝術大学）設立から一二〇年あまり、今は8割が女子学生だ。

008

空気よめない先生

8月6日［水］

坪倉良和

一九五一年四月二一日生まれ。牡牛座。二〇〇五年、横浜中央卸売市場、仲卸売り場にて土曜の放課後の市を開始する。同年、日本丸パークで朝市開催、二〇〇六年一〇月、横浜ポートサイド地区にて朝市開始。

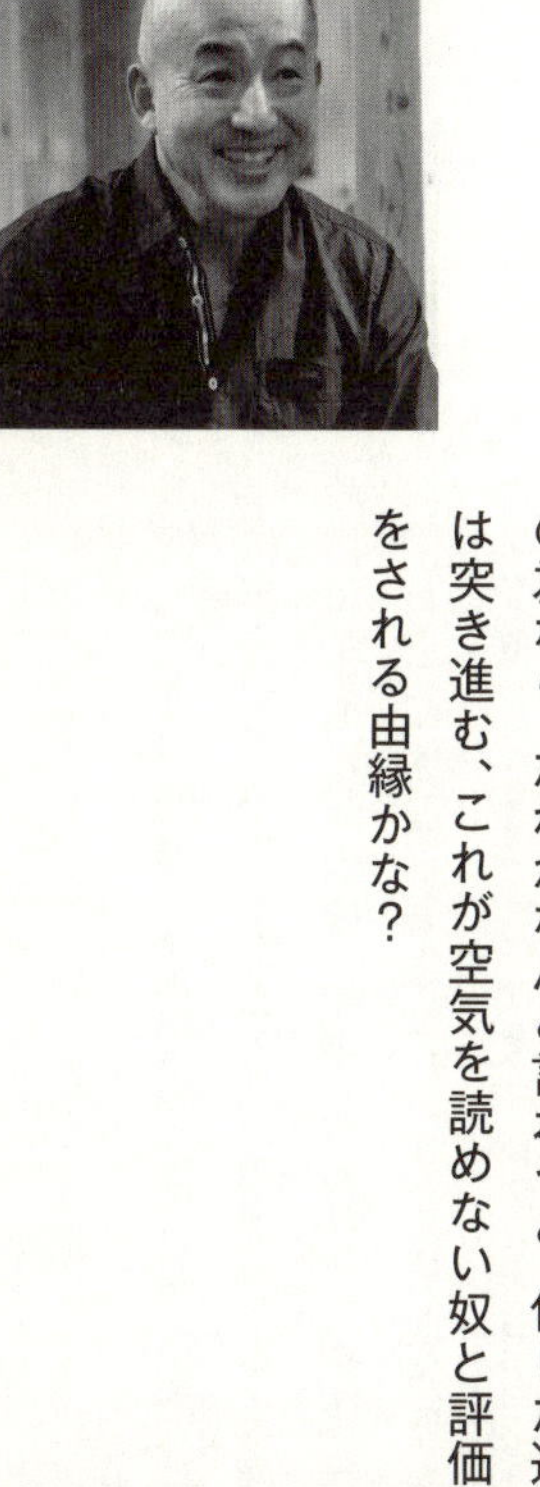

様々な市を展開する背景は、気持ちのいい空間創造、ベースになるのは五感に訴える！　これを追求していくと、保健所、警察、消防と邪魔をする当局が立ちはだかった、市場内では、市場法という、法のくくりも、その後、かながわ朝市ネットワークの旗揚げにに参画し、すたれゆく商店街、地域へのかかわりも深める。ここ一年は、横浜中央市場の再生、横浜を日本が抱える問題にアクションを起こす町に、そんな運動の展開となっている、肝は、横浜人の誇り。

の為なら、だれがなんと言おうと、信じた道は突き進む、これが空気を読めない奴と評価をされる由縁かな？

009

心中先生

足立 寛

一九六一年釧路市生まれ。
［心中歴］
心中零回。精神的心中未遂2回。

近松門左衛門作『曾根崎心中付り観音廻り』に出会い、「心中」の奥深き世界に魅了され今日に至る。講座では「心中」のあれこれを語る。「心中」とは江戸期より自己の本心を披歴する意味に用いられてきたコトバ。相手に自分の真情を証拠立てる行為として、起請を書くとか、髪を切るとか、自らの爪を剥ぐとか、入れ墨をするとか、指を切り落すとか、肉体の一部を切り取り渡すとか、そうした諸行為で心持ちを伝えることを「心中立て」と言った。そのプロセスの最終段階が「相対死」となる。そのような話が横行するのは、もっぱら、生地の女性ではない売色の仲での「女と銭」のことだったので、実態は「心中」ならぬ「金中」とも言える。今日の無理心中、一家心中も「金中」という範疇かもしれぬ。どうせ一度死ぬ身なら、「金中」でなはくて、「情死」(=心中)で死にたいものだ。

8月8日［金］

竹先生

松本秋則

一九五一年埼玉県生まれ
一九八二年より音の出る作品の制作を始める。一九八九年に文殊の知恵熱を結成。一九九三年五島記念文化財団の助成で一年半、アジアの芸能を研究。現在はサウンドオブジェを使って展示、パフォーマンス、ワークショップを展開中。

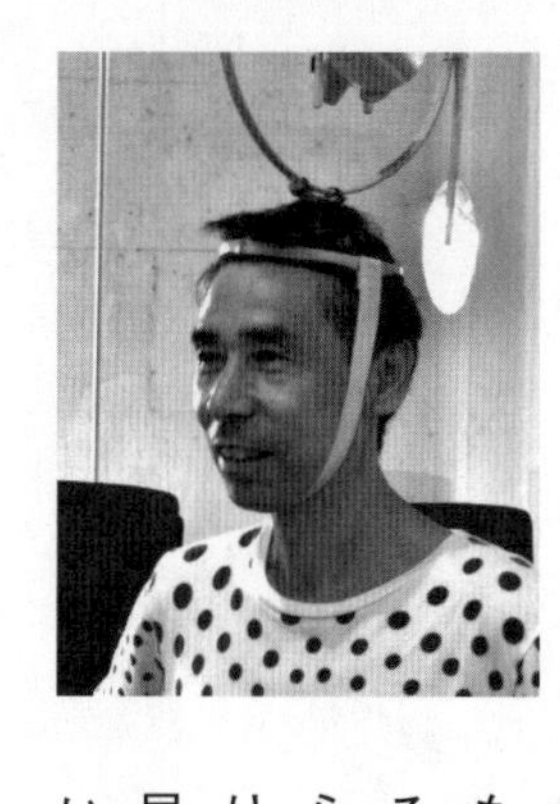

三〇歳を機にアートで生きる決意をした、ゼロから出発しようと思い何もしないで毎日近所の公園で日向ぼっこをしていた、何もしないのは結構辛いもので2週間ほどで何かやりたくなった、でもなにをやったらいいのか解らなかった、そんな自分の回りで子供たちが楽しそうに遊んでいた、突然子供たちと遊びたくなった、でもどうやって仲間に入れてもらえるのだろう、思いついたのが空きカンに石をいれてガチャガチャやったり、空きカンをいっぱい集めて蹴とばして1人で遊んでいた、「おじさん！何をしているの？」子供たちが集まって来た、「僕にもやらせて、わたしにもやらせて」子供たちが楽しそうに遊んでいる、音の遊びは参加したくなるんだ、それから廃品を集めてガラクタ楽器を何十種類も作り、いろんな場所の公園に出没して、そこに居た子供たちと音の遊びを半年くらいやっていた、そして竹先生になった。

8月9日【土】

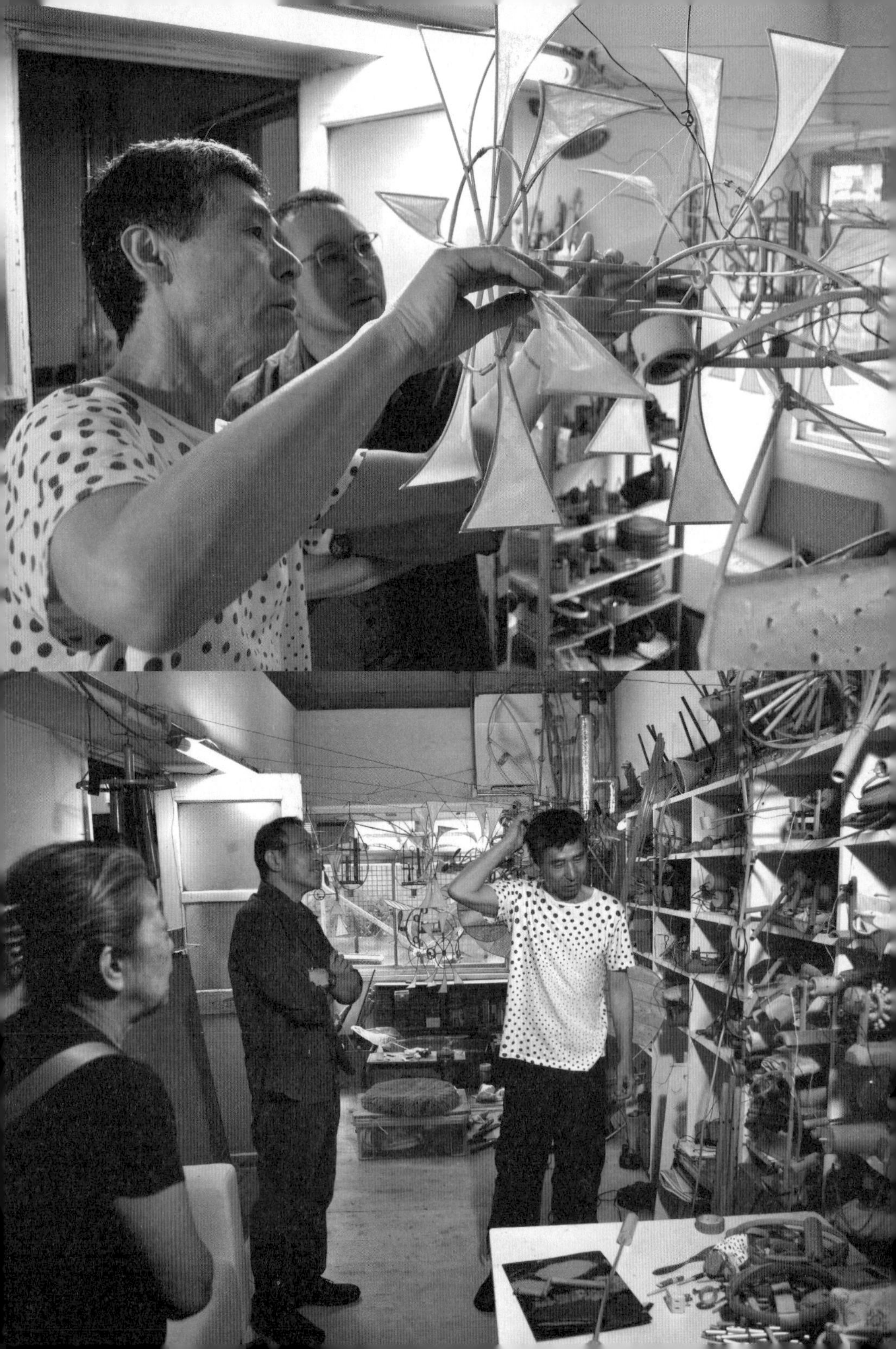

011

利き腕先生

鈴木泰人

一九七九年神奈川生まれ。利き腕先生は、拾ったアフリカの楽器（アサラト）がきっかけで努力を研究している美術作家。この楽器の師に恵まれない中で練習する事五年、右手（利き手）と左手（逆手）の苦悩を味わうも、何処まで独学で努力できるかを研究し、二〇一四年BankART Studio NYKでの一〇〇人先生で初独演をする。

そもそも両手で演奏するアサラトと言う楽器は、暇つぶしに始めましたが直ぐに飽きてしまいます。更に配信動画で凄い演奏を見て辿り着けない技術に挫折感を味わいますが、『いや、独学だけで何処までできるのか?』この単純な思い付きで毎日少しづつ練習をして、間違っているかもしれない独学技術を一心不乱に磨き上げて行きます。そこで逆手の不器用な壁にぶつかりますが、コツコツ上達して利き手を焦らせる程に成長し、やがて不器用な逆手の努力に利き手がフォローを入れる様になったり、今では仲良く一緒にリズムを刻んでいます。

このアサラトと言う楽器を通して利き腕から学んだ事は、誰でも初めは器用ではないと言う事を感じれる事でした。

どこまで上手くなるかは分かりませんが、今後も無駄に一生続けて行こうと思います。

8月10日［日］

012

上海どじょう先生

潘逸舟

上海どじょう暦は定かではないが、4歳ごろから祖父と一緒に漁具を回収した記憶がある。
二〇一一年にどじょう取りの漁具を使って、作品「祖父と祖母とエイリアン」を制作した。二〇一四年、一〇〇人先生にて、上海どじょうに関するレクチャーをする。

うちの実家は上海市金山区廊下鎮庄家村、上海の中心地からは車で約1時間半。上海というよりも杭州の方に近いかもしれない。廊下語という言葉を話し、上海語とはかなり違ったように聞こえるため、上海市内ではほとんど通じない。そんなところで祖父は農業をしつつ、畑の水路でどじょうを捕ったり、野菜を育てたり、豚や鶏、兎などを飼ったりと、限られた土地のなかでいろんな仕事をしていました。これは珍しいことではなく、そこに住む農家の人たちはみんなそうしていたのです。いまはもう現役を退き、のんびりと生活をしています。私はそんな環境の中で9歳まで暮らしました。祖父と毎回どじょうを捕りに行くのを楽しみにしていました。どじょう捕りは畑仕事のおまけのようなものですが、市場ではけっこう人気があり、それを自分の仕事としている者もいました。一日の畑作業が終わった夕方ごろ、畑の水路に漁具を仕込み、次の日の朝一番に漁具を回収をする。一度に使用する漁具の数は三〇個前後です。漁具はL字形になっていて、中には餌となるミミズが仕込まれています。いまは畑で働く人々は高齢化を迎え、若者は上海市内に移り住み、内陸部から出稼ぎにやってくる人々が増えるようになってきました。上海の発展は、その近郊にも大きな変化をもたらしました。

8月11日［月］

013

脚先生

中川達彦

脚＝生誕時より二本取得し現在に至る。PHスタジオのメンバーとして数々のプロジェクトに携わる。主に美術作家の作品撮影を中心に活動。二〇一〇年頃からバンカートの主要プログラムの撮影を担当。作品撮影時にはハスキー四段の三脚を主に使用。ドキュメント撮影時には三尺の脚立が相棒。

8月12日［火］

三脚や脚立など、仕事柄「脚」を使うことお世話になることが多々あるので、そのお話をしました。集まっていただいた方々は僕が写真に携わることをやっていることを知っている上で授業を受けてくださっているのでその辺のことを…多少楽屋落ち的なことも含めてゆるい講座になりました。まあ三脚についてはカメラの次に大事な機材なので一応一家言あるのですが、「脚」先生としてお話をしようと思ったきっかけは何年か前のテレビのニュースで東ティモール紛争の映像を見たことでした。内戦が続く現地の最前線で取材するリポーター、突然あたりに銃声が響き渡ります、一目散に逃げようとする取材陣、命からがら逃げ惑う彼らの中に日本のあるカメラマンの姿も映し出されました。彼は肩に機材をかけながら戦場には不釣り合いな1メートル程の脚立を必死に抱えたままダッシュしているのでした。ああ同じだ…アルミのシルバーにプラスチックの部分がブルーの三尺の脚立…ウチの近所の大鳥神社の交差点横の金物屋で四千円ぐらいで買ってずっと愛用しているあの自分のやつと間違いなくまったく同じだ！ビックリしました。もちろんすごくいいんですけどねアレ、安くて丈夫で軽くてしかもすぐ簡単にたためて…だからすぐ逃げられる。彼にとっては命の次に大事なカメラ（の中の写真データ）のまた次に必要なものだったんでしょう。以来そのことを誰かにきちんと話して脚立自慢をしたかったのですが晴れてお披露目となりました。

014

ラー油先生

天野太郎

二〇〇五年メキシコ出張の折、数種類の唐辛子を市場で購入。これを帰国後乾燥させ、粉末とし料理に使用。

二〇〇六年北京訪問の際、中華料理屋の小僧が、ごま油ではなく、普通に植物油で、低温にて辣油を作りし姿を見て何故か痛く惹かれる。折からの島唐辛子を使った「石垣島ラー油」や、久米島の素材を使った「くめじまラー油」など「食べる辣油」ブームに触発され、長年収集した各国の唐辛子をブレンドした辣油作りに着手、現在に至る。

唐辛子の収集が嵩じて、副産物としての辣油作りをしていたこともあって、今回、辣油作りをテーマとしました。といっても、単に辣油を作るだけであれば、いとも簡単なので、唐辛子の歴史を絡め、意外なるその側面に想いを馳せつつ製作に励むことにしました。例えば、唐辛子と言えばお隣韓国が有名ですが、韓国に唐辛子が伝わったのが一六世紀、それも日本を通じて、というような逸話を紹介しつつ。また、辣油が簡単に出入る事が意外と皆さん思いがけない事のようだったので、それはそれで良かったです。

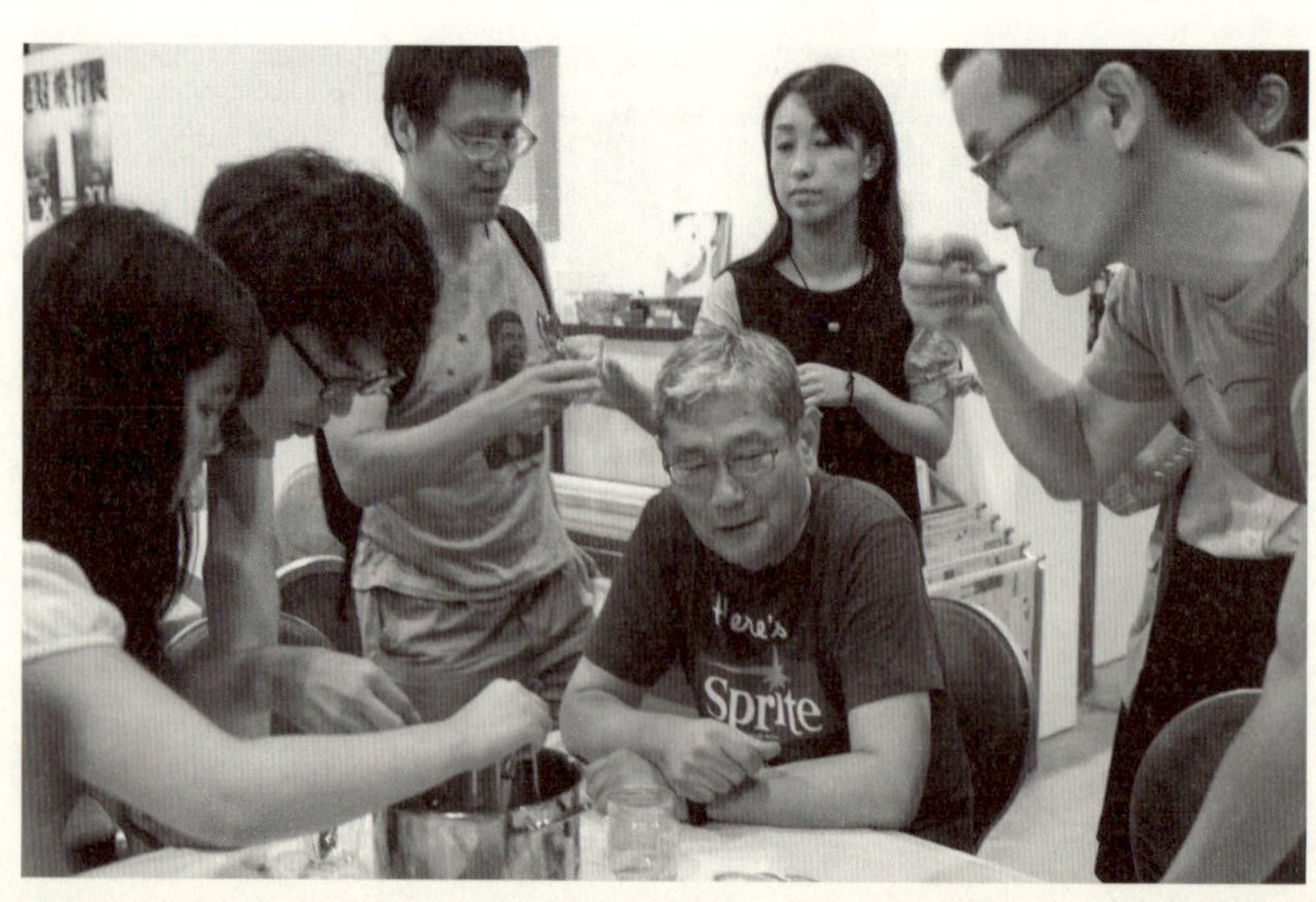

8月13日［水］

015

マイブック先生

8月15日［金］

栅木愛子

一九八八年東京生まれ。
マイブック制作歴
二〇〇六年学校の課題で初めてマイブック作成。二〇〇九年自分の制作環境を撮影したマイブック作成。
二〇一三年以降は展示の度にマイブックを作成、無料配布または販売。

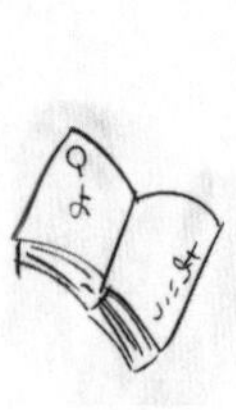

小学生の頃から漫画を描いていた関係で、作品を本の形状で残すことに興味があったが、大学受験で油画を専攻するにあたり、作品と本とを区別して捉え、マイブック制作を控えていた。だが、zineの存在を知ってから積極的に作品の一部として扱うようになる。基本的には、グループ展での小作品では伝わりきらない作品の味を伝えようとドローイングを掲載したマイブックが多い。また、個展では作品を制作するに至った経緯のストーリーをマイブックとして提示するなど、鑑賞者に作品への導入口としてマイブックを扱ってる。作品はどうしてもそのものと対面しなくては鑑賞が難しいが、初めから本の形式をとることによって、鑑賞者も手に取りやすく、入り込み易くなる。また、ドローイングの作業はファインアートの一貫でありながら、漫画の要素も含んでおり、抽象的な線を選ぶ行為が漫画の主線を選ぶ行為と似たものがあることに気づくことができ、自らの制作への新たな働きかけを発見する事ができた。マイブックにまとめる行為は、自らを振り返る行為であり、他人にもわかりやすく説明できるツールとしての役割もある、作品の形態のひとつであると考える。

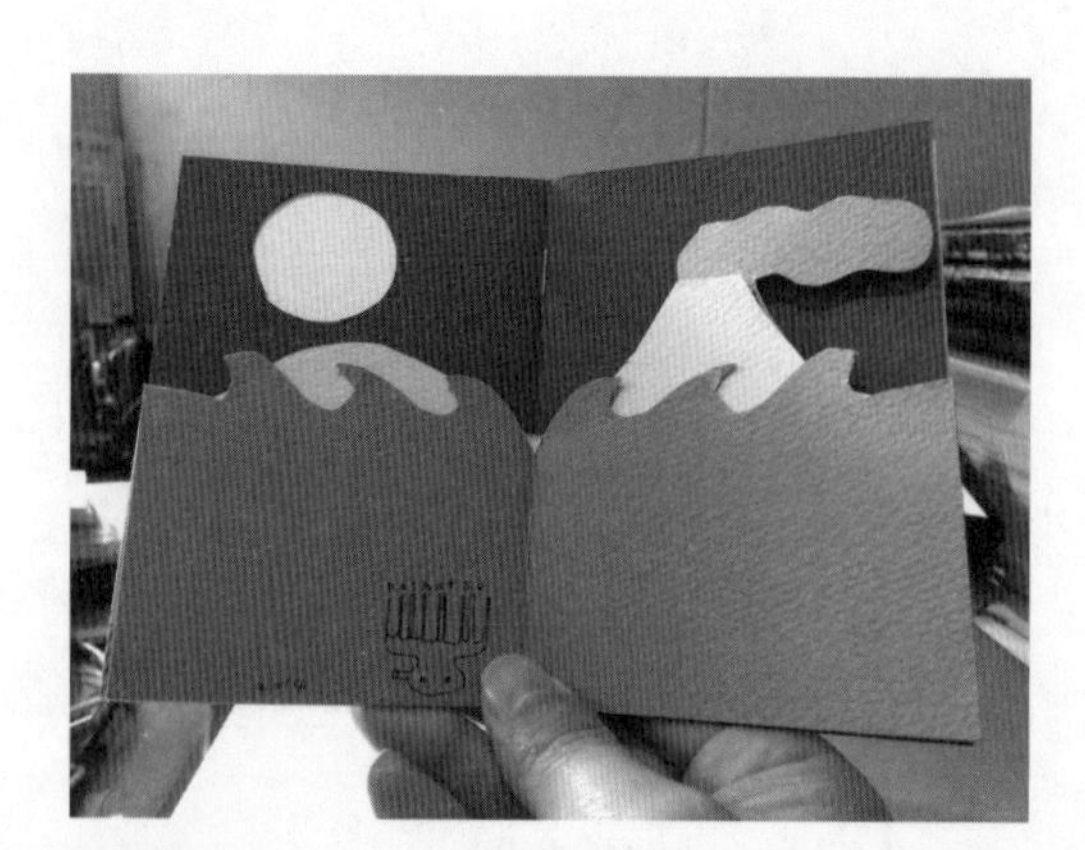

016

精進料理先生

藤井まり

一九四七年、北海道生。夫の禅僧で文筆業、藤井宗哲と、精進料理塾、禅味会を主宰し、今年で三二年。

伝統的和食である、精進料理を仕事にしています。食が心身に及ぼす影響について研究しています。

最近一〇年は、パリやロンドン、マレーシア、韓国などでも、講習会をしています。


精進料理の背景には仏教、禅の哲学が有ります。世界の中でも、こういう料理は少ないです。

精進料理のなかで、ゆうめいな料理人胡麻豆腐が有ります。比叡山延暦寺と、高野山宿坊、善光寺宿坊などで、必ず御膳の中心に置かれる、花形的存在です。

胡麻を油が出るまですって、葛と水を合わせて、練り上げ、冷やして固めます。シンプルですが、深い味わいがある有ります。練り胡麻をつかえば、家庭でも簡単に出来ます。

私は精進料理の深い智慧を、家庭で活かすことを、ポイントに、活動しています。使う調味料は、味噌、醤油、味醂、酢など、日本の発行調味料です。シンプルな味わいですが、たべたかたが、なにかほっとする、と言われます。これは、日本人の、遺伝子部分に、響く料理ではないかと、考えています。

8月16日［土］

017

おいしくなーれ先生

wato

一九七五年岩手県生まれ。料理好きの母の元に生まれ、はじめてしゃべった言葉は「おいしいね」。高校三年生の時に食糧庁主催のライスクッキングコンテスト岩手県大会で優勝したのをきっかけに、料理と栄養学の道へ進む。病院や飲食店勤務を経て、二〇〇二年「wato kitchen」の名でケータリングを始める。以後、様々なイベントで料理を作ったり、雑誌やラジオでレシピを紹介している。

8月17日[日]

ケータリングは依頼人と相談してメニューを考えるため、料理中に食べる人の顔を想像出来ます。するとおのずと、何気なく作っている時よりも「おいしくなーれ」という気持ちが強くなります。そして実際においしく出来る事が多い気がしていました。

そこで、今回の一〇〇人先生の機会を使わせていただき実験的な料理教室を開催しました。参加者一二名を「おいしくなーれ♪たのしいな♪」と言いながら作るチームと「まずくなーれ。めんどくせー!」と言いながら作るチームに分け、材料と行程は全く同じで、ニョッキとトマトソースを作ったのです。

結果は満場一致で、おいしくなーれチームの料理はマイルドな味、まずくなーれチームの料理はワイルドな味に。後者がまずいというわけではありませんし、試食がブラインドテストではなかったために、先入観が入ってしまったかもしれませんが、明らかに味と見た目に差がありました。「おいしくなーれ」と思うことで無意識にひとつひとつの作業が丁寧になったり、きちんと食材と向き合ったり、様々なタイミングを見極める事が出来たのでしょう。料理は科学ですが、非科学的であるこのような呪文や気持ちも仕上がりに大きな影響を与え、また、ポジティブな気持ちを込めた料理は、食べる人の身体も心も元気にすると信じています。

250

018

古代火起こし先生

8月18日〔月〕

吉川陽一郎

一九五五年鹿児島生まれ。二〇〇八～九年にかけて、和光大学の岩城正夫先生より「古代発火法」を学ぶ。二〇〇九年「古代発火法認定協会」の「ユミギリ式二級（四五秒以内）」と「キリモミ式四級（三分以内）」の認定証取得。二〇一二年、栃木県那須「アースデイ・イベント」。二〇一三年、横浜市港北区大倉山記念館「火起こしと五感アート」。

二〇〇八年、和光大学に通っていた息子が、お盆の迎え火を突然「古代発火法」で点けました。その時の火の点き方は私の想像をはるかに超えていました。びっくりして、どうしても自分もやりたくなり、すぐに和光大学の成人学級の「火起こしコース」に申し込みました。一年目に「キリモミ式」、「ヒモギリ式」、「ユミギリ式」の三つの点火法を学びました。次の年、道具となる材料の竹やウツギや石を丹沢や多摩川に探しに行き、実際に弓や火床を製作する「師範」の課程を学びました。なぜそこまでのめりこんだのかといいますと、手のひらの上で一瞬に点る火の凄さに魅せられたからです。

身の回りにあるものだけで火を起こす。それはずっと人間がやってきたことです。ですが「火起こしの火」は、現代のマッチやライターやガス台の火とはまったく違って見えます。「古代発火法」で点った火は、人間であることのうれしさのようなものを私に見せてくれるのです。芸術のように。ワークショップで苦労して火がつくと皆目を輝かせているように感じます。原始人にみんななったようです。

019

焙煎先生

フクマカズエ

一九七七年神奈川県生まれ。
[焙煎歴]
二〇一一年Hasu no hana立ち上げと同時に焙煎を始める。日々店で使用する豆を焙煎しつつ、イベント時豆の提供、その他気まぐれに出張Hasu no hanaを開催している。

Hasu no hanaは珈琲が飲めるギャラリーです。展覧会を見ながら、そこで飲む珈琲が美味しいものであって欲しいという単純な思いで、焙煎を始めました。私が考える美味しい珈琲とは、豆の種類や品質などは前提とし、丁寧なハンドピック(カビや虫食いなど苦みや雑味が出てしまう豆を手で取り除く作業)、焙煎から日が浅く、飲む直前に豆を挽いたものと思っています。新鮮な豆は、香り高く本来の持っている風味が感じられます。授業では、鮮度とクリアさをポイントし、①前日焙煎 ②焙煎から日が経った豆 ③ハンドピックで取り除いた豆だけを前日焙煎の3つを用意し、テイスティングをしてもらいました。駄目な豆だけの珈琲を飲む機会はないと思いますので、味とは別に試してみたい、といった好奇心をくすぐられた人もいるかもしれません。極端で分かりやすい比較をしましたが、小さな作業がのちのちに影響するということをこの授業を通して示せたのではないでしょうか。

8月19日[火]

020

ベリーダンス先生

片山有美子

一九八六年生まれ。二〇〇八年の11月に発足した多摩美術大学のベリーダンスサークル『ななこぶらくだ』の最初の練習から、二〇一二年の一一月の芸術祭まで部員として参加、レストランショーや、ライブハウスでのショーに多数参加。二〇一三年二月よりベリーダンサータカダアキコに師事。二〇一四年友人の結婚式で踊ったのをきっかけに四月より友人にベリーダンスの個人レッスンを始める。

8月20日［水］

私は元々ベリーダンスを始めた時にベリー自体にではなく、身体を使った表現というものに興味がありました。だから最初にベリーと出会った時にベリーがどのようなダンスなのかも知らず、ただ息抜きのつもりで「裸足で踊れる手がるなダンス」という壁のチラシを見て、多摩美術大学のベリーダンスサークル「ななこぶらくだ」の最初の活動に参加したのでした。

「ななこぶらくだ」は私の踊るベリーダンスの元になったいわば根底です。元々ななこぶはベリーを踊った経験がある人たちがそんなにいた訳ではない集まりでした。しかしダンスの技術ではなく、表現力、作り出すこと、出たがり、楽しむ、愛、などというキーワードの能力に関してはとても長けた人たちの集団だったのです。おかげで私は踊ることがとても好きになり、学内、学外色々な場所で踊らせて頂きました。

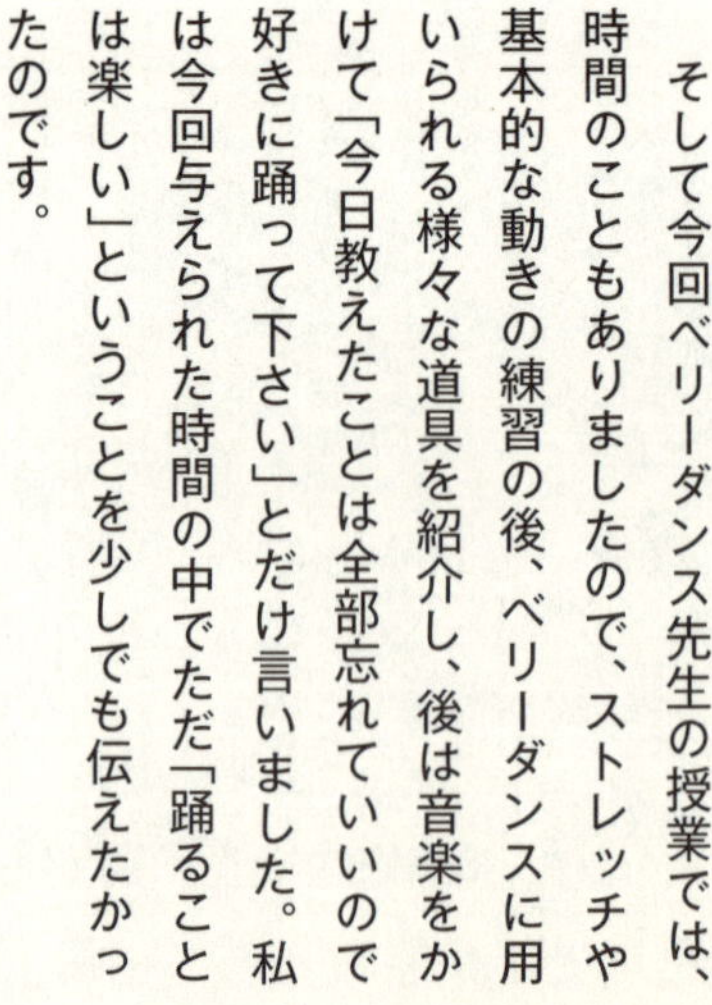

そして今回ベリーダンス先生の授業では、時間のこともありましたので、ストレッチや基本的な動きの練習の後、ベリーダンスに用いられる様々な道具を紹介し、後は音楽をかけて「今日教えたことは全部忘れていいので好きに踊って下さい」とだけ言いました。私は今回与えられた時間の中でただ「踊ることは楽しい」ということを少しでも伝えたかったのです。

021

ガチャガチャ先生

関川 歩

一九八三年生まれ。
NPO法人Art Bridge Institute事務局。
幼い頃、駄菓子屋さんの店先でガチャガチャに出会う。小さい頃はあまり集めていなかったが、大学時代にタカラトミー（ユージン）から発売されている「ハンティングトロフィーシリーズ」に出会い、以来、ガチャガチャのコレクションを始める。ガチャガチャガチャする行為よりも、ガチャガチャ特有のグッズが好き。

8月22日［金］

世の中にはたくさんのガチャガチャファンがいます。歴史に詳しかったり、私なんて比べ物にならないくらい、大量のコレクションをしている人も多いと思います。

また、ガチャガチャにはさまざまなシリーズがあります。アニメのフィギア系や、企業のプロモーション系、生物系など。コレクターによって、コレクションの内容もそれぞれだと思います。

私にとってのガチャガチャは、日常的な「あそび」です。ちょっとくだらなかったり、ガチャガチャでなければ存在しないようなものに、価値を感じます。特に生物系のストラップやマグネットが好きで集めています。気に入ったものは、なるべく身につけたり、使ったりします。

授業では、今まで集めたコレクションを紹介しました。なんて事はない、ガチャガチャを愛でるだけの授業でしたが、来てくれた方と、

どこかで少しでも共有できたらいいな…という思いで話しました。

022

観音先生

高杉嵯知
アトリエ「さち庵」庵主
水墨「銀河観音」画家
ボディセラピスト
小さい頃から、書道・油絵・僧籍・傾聴volunteer・観音画・bodyセラピストなどその都度 様々なご縁に導かれ 現在に至る。

8月23日［土］

一〇〇人先生には　沢山の方々に来ていただきありがとうございました。

現在「さち庵」はバンカートスタジオの二階にありますが、当日の会場は三階に再現されたハンマーヘッドスタジオ時代の私のアトリエだったので懐かしかった。

「さち庵」は、アトリエ、ギャラリー、サロンの三つの世界から成り立っていて、毎日が予約して来てくださる御客様一人一人の為の「銀河観音」個展会場とも言える。そこで原画をみながら、ゆっくりと御茶やお話を皆様と共有できる、とてもありがたく大切な場所。

当日は「観音先生」のお題を頂きましたが、気持ちはさち庵に御客様を御迎えした時と同じくその瞬間の流れで始まった。その日までに、御互いが生きてきた中から自然に出てくるもので、今回は例えば人生三六〇度説・物事の受け止め方のセンス・横浜ご機嫌族の話など、となった。又、bodyセラピストとして参加者と一緒に座ったままで出来るエクササイズや、数年前のある日突然私の頭の中に降りてきた～銀河の彼方より～の歌を心友のsingerが 歌ってくれたり… あっという間のヒトトキだった。終わってからも、さち庵で始めて会う人同士が 御茶とお菓子で 一〇〇人先生に乾杯！ ありがとうございました。

023

雨乞い先生

8月23日［土］

未知研究会 雨乞い隊（稲垣柚実）

一九九五年生まれ 愛知県出身。
わたしは武蔵野美術大学未知研究会というサークルの、雨乞い隊員のひとりで、雨乞いをします。と言っても、雨乞い経験値は低いです。頻繁に雨乞いなんてしたら、きっと天罰が下ります。

今年の六月に、青梅の山奥で雨乞いをしました。座禅を受けて、精神を整えてから、酒、水、果物をお供えして。効果は抜群で、その次の週は雨が続きました。

雨乞いには大きく分けて2つの種類があります。もっとも一般的なのは神様に祈りを捧げて雨を願う方法と、逆に神様のいる神聖な場所をわざと穢し神を怒らせることによって雨を降らせる方法があります。横浜トリエンナーレでは、水龍様に祈りを捧げて雨を願いました。ちょうど広島での土砂災害などがあったときで、こんなことを今していいのか、とも考えたりもしました。

雨乞いに興味があったのは、自分たちで、一風変わった空間を作り、(一〇〇人先生では、四方に酒を置き結界を作りました)そこの場で、神に願う、その行為がなんとも面白く、そして、その行為が実際に行われていたことも、すごいとおもったからです。インスタレーションみたい。

一〇〇人先生での雨乞いは、残念ながらあまり効果がみれませんでした。もう少し、研究が必要ですね。

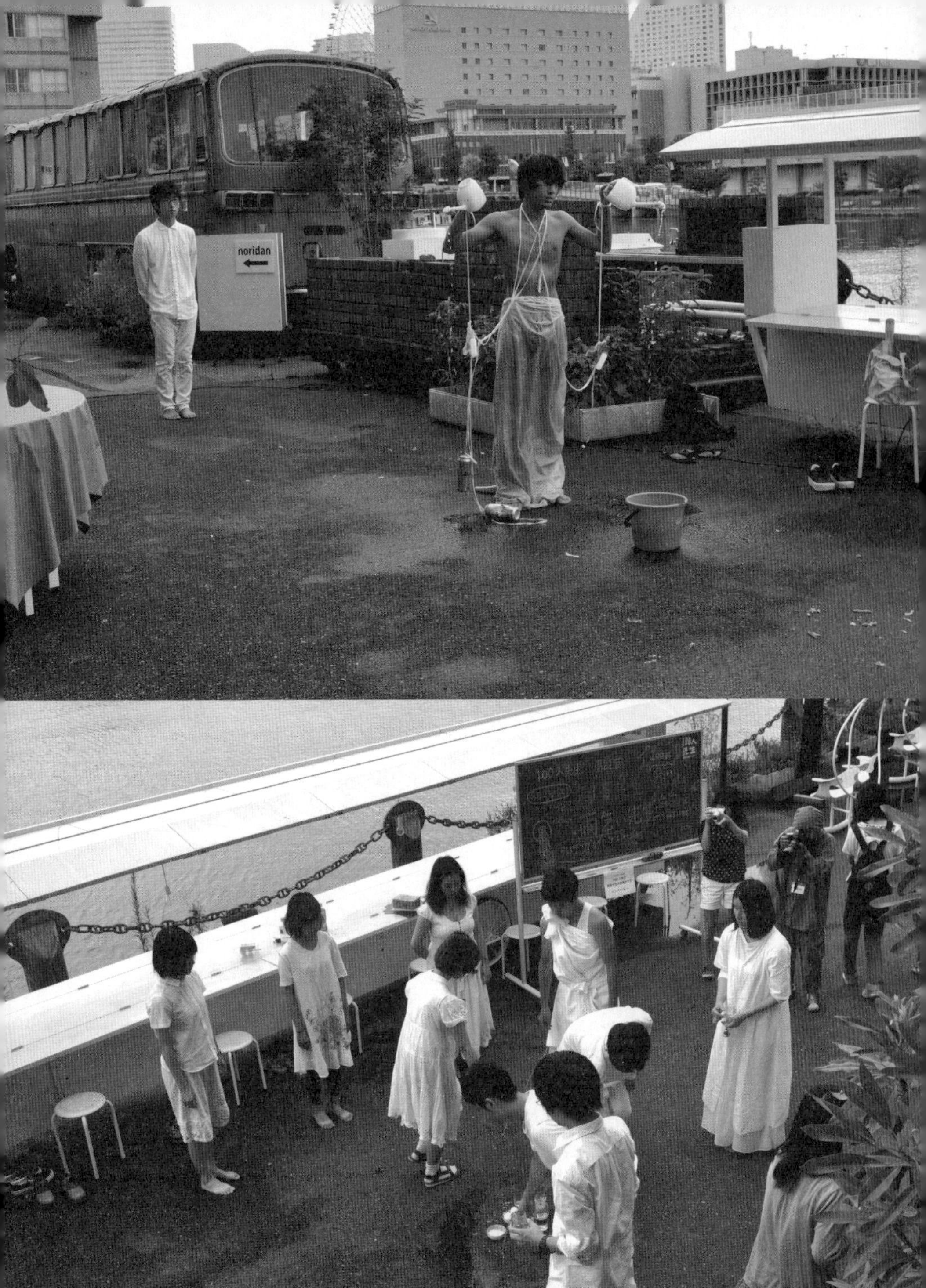
noridan

024

武器先生

8月24日[日]

柴田漢央

年齢不詳、出生地不詳

[武器作製歴]

いつのころからか、武器を作り始める。一番最初に作った武器は槍。二〇一一年お笑いグループ、超新塾の新メンバーオーディションにて初めて武器職人として日の目をみる。同年、恩師の展覧会「Light room 7」に武器を展示。二〇一二年ライブパフォーマンス「月が射す夜」で武器の説明。二〇一三年「女と武器」で武器パフォーマンス。二〇一四年に二度目。と、武器作製以外にも意外と人前に出没する武器職人。

最初は、人が持っていないものが欲しかっただけだった。槍と釘バットを作った。少しして、こりゃ誰も持ってないだろうといって鎖鎌を作った。ホームセンターに鎌を探しに行った。そこで想いもよらなかった壁にぶつかった。ホームセンターには、草を刈る鎌しか売っていないのだ。いや、それは分かっていたはずだ。むしろ鎌には頓着していなかったので深く考えてはいなかった。それが間違いだったのだ。草を刈るには、ほとんどの人は左手で草を掴み、右手で鎌を握り、刈る。故に当然売っている鎌は右利き用ばかりなのだ。ところが鎖鎌はそうではない。右手は分銅を操り、鎌は左手に構えるのだ。当時、鎌まで拵える技能のなかった私には鎖鎌に転用できる草を刈る鎌を探しかなかった。悔しかった。製作技術の乏しさもさることながら、現代の世にはこれほどまでに武器が希有な存在になっていようとは想いもよらなんだ。そして、私は技術を磨いた。しかし武器など活躍しないにこした事はないのだ。武器の存在とは、これ即ち争いを意味する。誰かが誰かを傷つける。そんなモノない方がいい、と言われたら頷かざるを得ない。だが、美しい。悲劇のきらめきともいえるその不安定な存在こそが、武器の美しさなのではないだろうか。

025

現代詩先生

三角みづ紀

一九八一年鹿児島生まれ。一二才で詩を書き出し、二〇才から詩の投稿をおこなう。現代詩手帖賞、中原中也賞、萩原朔太郎賞など受賞歴多数。執筆の他、パフォーマンスや美術館での詩の展示をはじめ、あらゆる表現を現代詩として発信している。

8月25日［月］

この数年、秋になったら小学生と一緒に詩を書く先生になる機会があります。子供に向けてだけではなく大人も子供も関係なく生徒になってもらい、自分への手紙として詩を書く授業もおこないました。幼い頃から想像することと書くこと以外にとりえがなかったわたしは、先生として背中を押すことしかしません。そのくらい「詩を書く」という行為は「書きはじめる」ことが最たるポイントです。ペンと紙があればどこでだって詩は書けますし、書きはじめてしまえば定型詩と違い文字数も気にせず自由に描ける。そして、記憶とは個人の経験の捏造であると考えています。それらを詩作に投影させると書き手にとってはノンフィクションになり読み手にとってはフィクションになる。そんなおかしな共有が可能なのです。詩人だからひとりきりで文章を書く作業が多いので、最初は誰かの先生になれるだろうか、教えるなんてできるだろうかという不安もありましたが、今では先生の時間が楽しく貴重な体験と感じるようになりました。先生になる際、背中を押すことが重要だと考えているわたしの背中を押してくれたのも、いつぞやの、どこかの、先生だと思います。

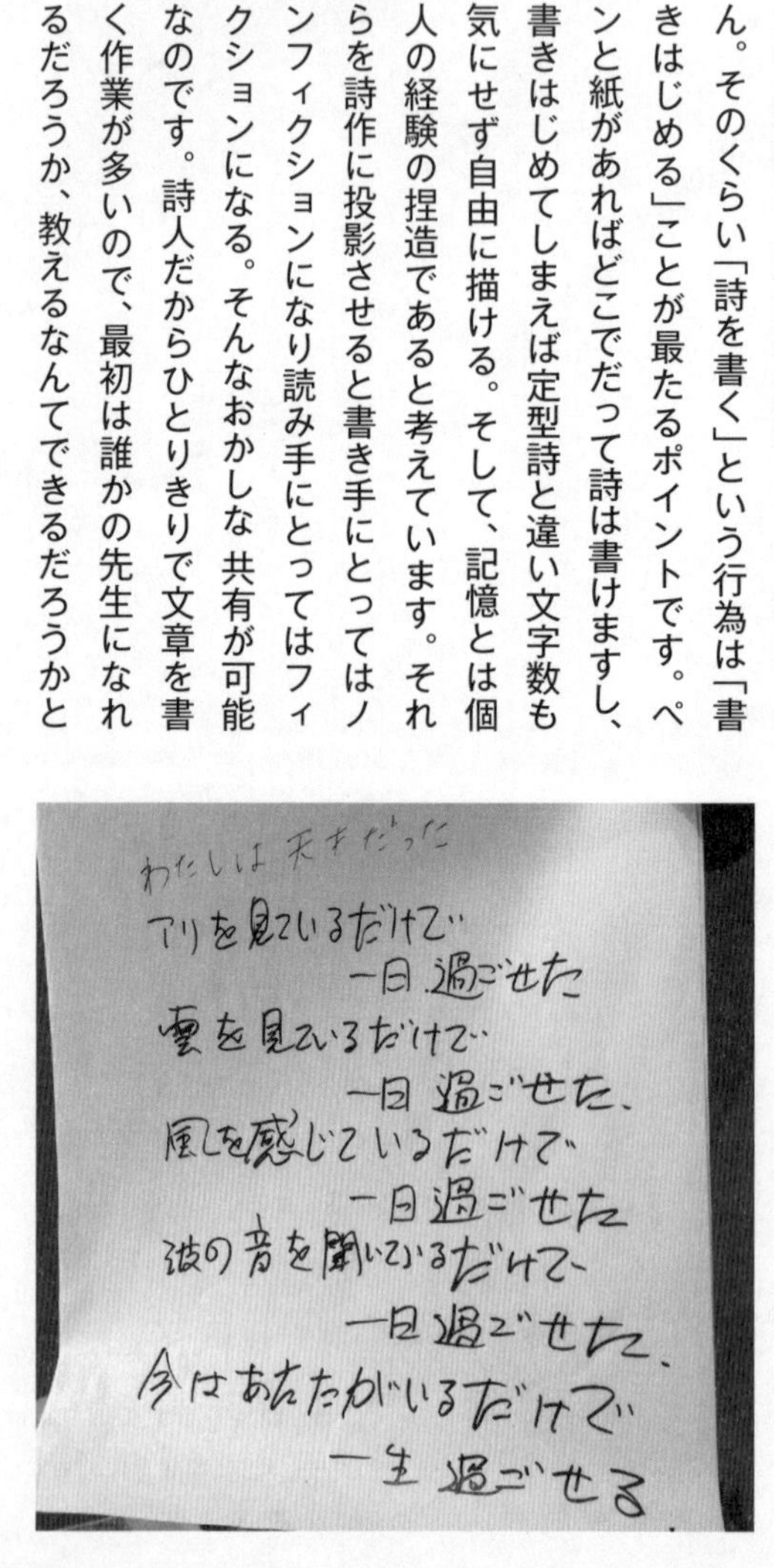

026

ギャラリーホップ先生

リュウ リン

一九七一年横浜市生まれ。横浜・石川町でLAUNCH PAD ギャラリーを運営。以前住んでいたカリフォルニア州サンフランシスコで毎月あったオープンギャラリーの日を、日本でも楽しめたらとの思いから、アートを楽しむことをメインにした街歩き「ギャラリーホップ」を提唱し、気軽に定期的にアートに触れる機会を増やし、アートに対する心の敷居を低くし、もっとカジュアルにアートに接してもらおうと、ただいま奮闘中。

横浜は街歩きの楽しいところ。見どころたくさん。素敵な景色においしいお店。そこにアートを組み込んだら、もっともっと面白くなる！お気に入りのお店にちょくちょく顔を出すように、気軽に作品を楽しむ機会を持ってもらいたいという思いと、ギャラリーやクリエイターの拠点が実はたくさんある、横浜ダウンタウンの魅力をたっぷり味わう手段として、ギャラリーホップを提唱しています。サンフランシスコでは、毎月第一木曜日がオープンギャラリーの日で、ダウンタウンをギャラリー巡りをして楽しみ、帰りにどこか近くで食事や飲み物と共に、見て来た展示についておしゃべりするなど、友人と楽しい時間を過ごせるエンターテイメントでした。第一木曜日と決まっているからこそ、計画しやすく誘いやすいし、普段はアポイントメントが必要なギャラリーも、この日なら気軽に行けるのも良かったです。石川町にギャラリーを移転させてから、近辺に素敵なお店やギャラリーがあることがうれしくて、このエリアにもっと人の流れができ、エリア全体がにぎやかになったら素敵だなとの思いがきっかけです。山手の丘を散策してから元町・石川町を巡って中華街で食事とか、関内から吉田町に流れて野毛で一杯など、視覚と味覚をフルに使って街を楽しむことをもっと広めていきたいです。

8月26日［火］

027

美術とエロ先生

木村絵理子

一九七四年福岡県生まれ。横浜美術館主任学芸員。二〇〇〇年より同館に勤務。奈良美智、高嶺格、束芋、金氏徹平など、現代美術の展覧会を中心に企画。二〇〇五年および二〇一四年のヨコハマトリエンナーレに携わったほか、海外美術館との共同企画やゲストキュレーターなども務める。

エロをいかに「神聖なる」美術に表現するか？古代から現代まで、エロをどう視覚化するか、表現者たちのあくなき挑戦を概観する授業。古代ギリシャの神話世界を表した彫刻や壺絵では、美の女神アフロディテだけが女性として裸になることを許された。一見エロなど入る余地も無さそうな中世のキリスト教美術や、仏教思想に基づく近世日本の絵巻物では、切り取られた聖人の乳房や、死神に言い寄られる女性、腐りゆく女体など、フェティッシュで倒錯的なエロが登場する。しかし「神聖なるエロ」が許される一方、「普通のエロ」はヨーロッパでも日本でも厳しく監視される。マネ以降、あるいは黒田精輝以降、「お約束」をなくした美術の世界は、エロ表現冬の時代へと突入していったのである。

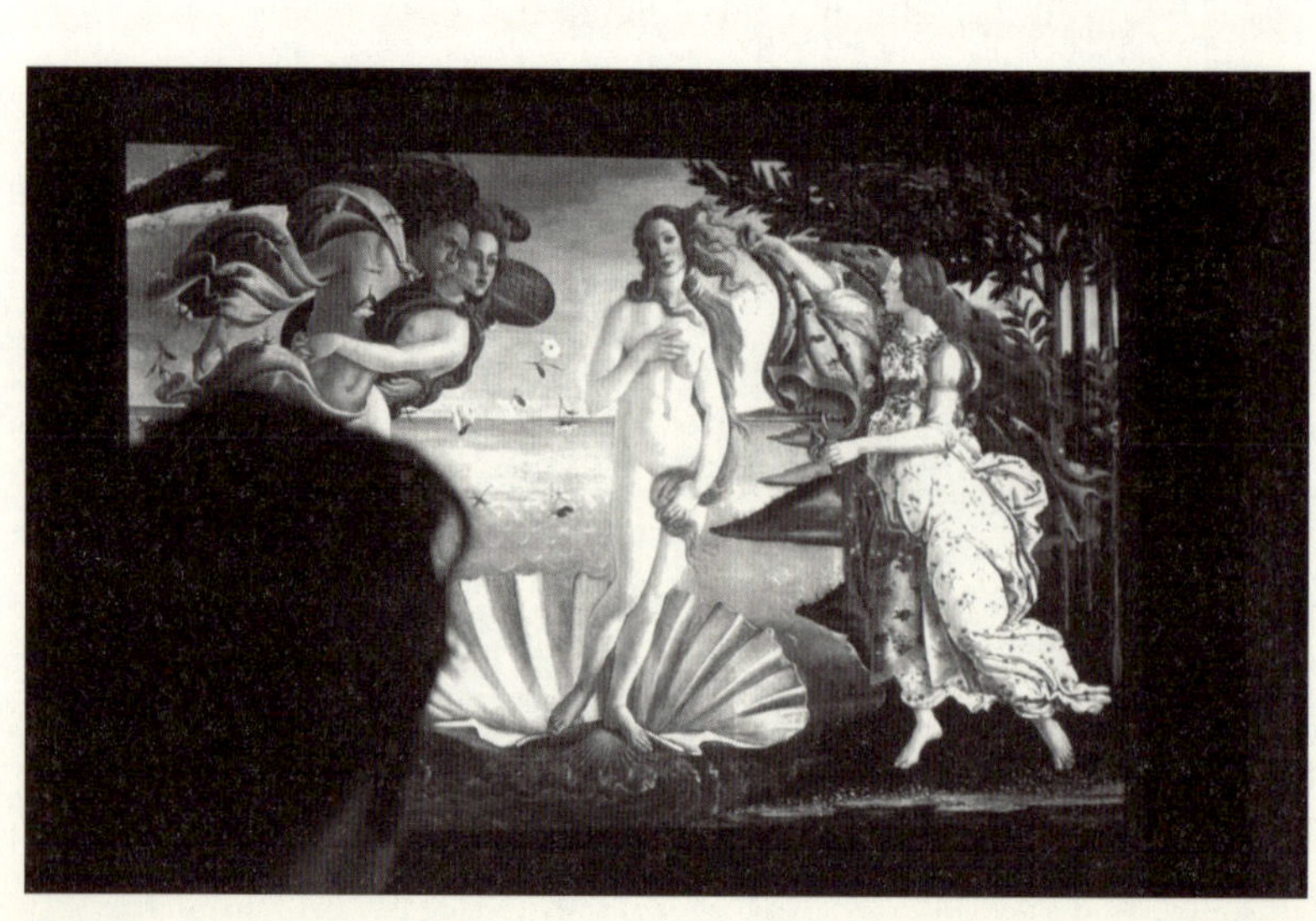

「ゆるさとしげきの100人先生」

森 司（東京アートポイント計画ディレクター）

自薦他薦あるとはいえ、いろんな先生を探し出すために、開発好明は三宅島や横浜の街を駈けずり回った。話題提供者となる講師を求め出会い、出講のお願いをし、キャッチーなタイトルで講座をラッピングする。この一連の活動が「100人先生」をプロジェクト化する。横浜で大きく花開いた「100人先生」は、三宅島を一つの大学に見立て、人々が交流し相互に学び合うことを教育指針とした三宅島大学の選択科目として、開発が島に100日滞在するにあたり継続するプロジェクトとして展開したのが始まりだ。島では漁師や子どもたちが大学の先生になった。横浜では大都市ならではと言える錚々たる人が、かなりユニークな視点と世界観をひっさげて登壇した。ゼミ形式に近い1回だけの講義は、同好者のサロンとしても機能する。参加者を自ら限定するようなニッチでマイクロなテーマを展開するプロジェクトは、双方向性や相互啓発性を生みゼミ方式の利点を活用する。好奇心を満たし知識欲も刺激するこころの学校として「100人先生」を捉えた時に、そもそもそのことを一番楽しんでいるハズの講師ラインナップを通して、世間の広さと開発好明の視野の広さが垣間見られる。仮に偶然の産物としても。趣味的に独自に深堀された話題は、知られていない職業的プロフェッショナルな講義内容同様に「100人先生」ではメイン講座となる。パロディーとしてではなく、人が楽しんで営んでいること、人が自分の問題を解決するために真剣に取り組んでいることを他者と共有する場を提供することが、OSとしての「100人先生」の基本構造だからだ。そこでアプリケーションは何でもありとなるわけだけど、開発好明的な破壊力のある人選は、あまりできないものだ。拡張する好奇心を持ち、世の中知らない事だらけの精神で、「あなたは何の先生になれますか？」と問われた時、自身のサイドメニューから気の利いた一品を提供できるようなライフスタイルがあること。余裕と必然からもたらされた秘蔵のお話は、その人の人生話でもある。でも同時にそんなに立派じゃなくても先生になれてしまうところが「100人先生」なのだから、勝手に「100人先生」の精神を引き継いで、自然発生的にあちらこちらで勝手に「ゼミ」を開いちゃうようになると素敵だなと思う。ゆるさを本性としながらも一刺し感ある開発らしさいっぱいの好企画「100人先生」にどこまで迫れるか。揺さぶられたのは講師でも受講生でもその両者でもなく、アイデア勝負のプランナーたちに違いない。

してやられた！と。

028

フォルム先生

樽見紀美

一九八〇年埼玉県生まれ。
二〇〇〇年美術大学在学中から、学生モデルとして美術予備校で美術モデルをスポット的に仕事し始める。
二〇〇六年美術モデル事務所に所属しプロとして、大学、専門学校、団体、カルチャーセンター等で仕事し現在にいたる。

個人の作家活動をしながら美術モデル及び商業美術制作に携わっております。

今回の講座では、美術モデルの立場からでなくフォルム(形)についてお話をしました。

主に横浜にある銅像を見ながらその息吹や表現を含めフォルムをポーズすることによって、モデルにもなり作家にもなる体験をしました。

一つの作品を創りあげる上でたくさんの時間や想い、目には見えない多くの真実と人生の物語が重なりあいながら一つのフォルムが創りあげられ、そのフォルムを体感しながら作品を鑑賞してみたら、新たな捉え方もあるのではないか。としてお話しました。

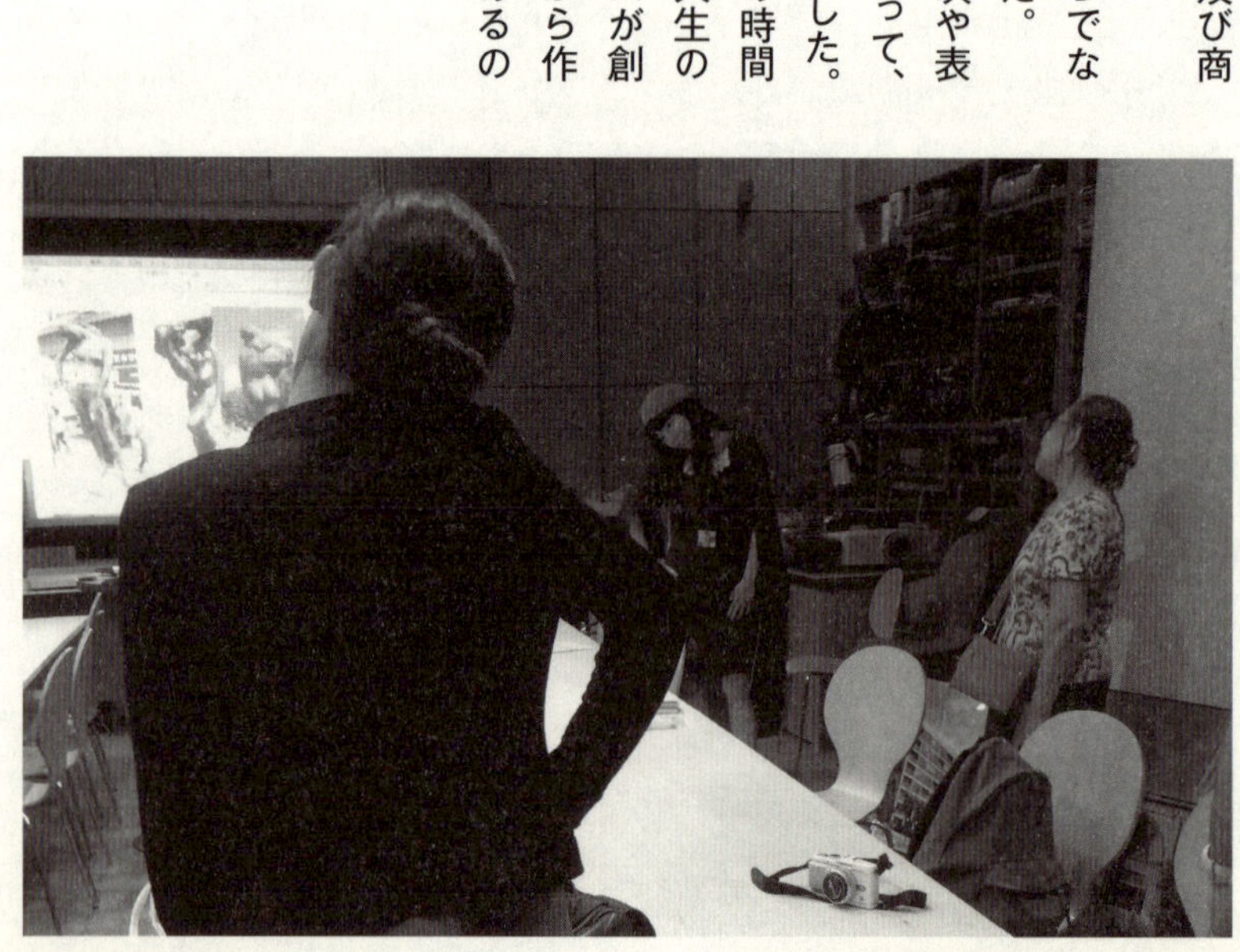

8月29日［金］

029 回転木馬先生

8月30日【土】

テラミチ健一朗

一九六九年横浜市ウマれ。
二〇〇九年メリーゴーランド研究所（通称：メリケン）設立。
二〇一〇年手回し式プロトタイプ完成、体験型として各地を回る。
二〇一二年移動式電動メリーゴーランド完成、以後各地を巡業。
二〇一四年国内外からのメリーゴーランドの受注制作にいそしむ日々。

営んでいる美術制作会社（広告物・展示会・映画など）の一〇周年を期に『みんなの笑顔が見たいから』をコンセプトに始めたプロジェクト、が移動式メリーゴーランド（以下メリゴー）です。わたしたちのメリゴーは移動式なのでどこにでも受け入れらる意匠でなければなりません。それに伴う構造・機械・電気・造形、また遊具安全基準のクリアもあり完成までにあれよあれよと三年の歳月を要しました。授業ではその辺りについて話しました。完成後は各地に笑顔を届けるためメリゴーの巡業を行っており、これがありがたいことに世界中で受け入れられてます。世の中わからないもので海外からの受注制作まで請負うようにもなり、今はメリゴーのビルダーとして認知されています。実を云うと、当初メリゴー制作に対し周りからはまったく理解されませんでした。ところがやがて試作が形になるにつれ周りの目も変わり、また協力者も増えたものです。これこそメリゴーと云う伝統的で娯楽的な工芸品のもつ力だと感じたものでした。巡業自体は様々な環境に応じて短時間で設営するメンバー、ショー的な運営を担うメンバーもおりと、巡業だけで食べていけるものではなく正直本業あっての活動です。それでも、メリゴー的な『普遍的で美しくて愉しいもの』をつくり伝え残す活動にやりがいを感じてしまうのです。

Roland

リチャード
YOKOHAMA GRAFFITI

030

猫先生

秋山直子

京都生まれ。街を歩きながら撮影し、展示やイベント等を行う。二〇一一年より黄金町（横浜）での長期Artist In Residenceに参加中。二〇一二年に公式参加した「黄金町バザール2012」では、猫や犬、鳥や人間など、街に暮らす動物たちをテーマにした写真展「ZOO」を開催した。現在一七歳になるオスの老猫（ブー）と共に暮らしている。

8月31日［日］

街に暮らす動物たちは、街の特色を色濃く映し出す存在でもあるように思います。どんな場所で過ごし、何を食べて、どんな扱いを受けているのか等、そこで過ごす日々の様子が表情や仕草に自然と反映されているのでしょう。そのことに気がついてから、そこがどんな街なのか教えてもらうような気持ちで、出会った猫や犬や、人間を含む動物たちとともに街の写真を撮っています。

猫は実際、いろんなことをさりげなく私たちに教えてくれます。たとえば居心地が良い場所がどこか知りたければ、猫のいる場所を探せば簡単です。きっと猫には本能的に、その空間の中で一番快適に過ごせる場所を察知できる能力が備わっているのでしょう。意外な場所に陣取っていたら、実はそこが密かに温かかったり涼しかったりする穴場の可能性大です。猫に限らず犬も、他の動物たちも好きなのですが、猫にはなぜか強い憧れがあります。ある意味、とても理想的な生き方をしているからでしょうか。心の趣くままに好きな場所で気ままに過ごし、気兼ねすることなく我が道を行く。感情はストレートに表現し、要求があればすぐさま訴える。人間である私たちが望んだところで、こんな風に生きることは現実的には難しいと思いますが、だからこそそんな猫のそばにいたくなるのかもしれません。

031

バスバー先生

南 武士

二〇一一年まで、横浜港を臨む本牧埠頭A突堤の先端で営業。現在はバンカート敷地内で営業。

US Bar (Jack Knife) 一九八八年一二月二四日から営業。これより前は、横浜市内にて音楽を成業として生活していました。

バス本体は、当時川崎にバス専門の中古車屋がありまして、バスの前身は沼津の遠州鐵道の観光バスでした。一九八八年の夏頃に海を越えてオリエント急行が日本にやって参りました。折しもテレビではアガサクリスティーの「オリエント急行殺人事件」をたまたま見まして、バスの外装をオリエント急行風に致しました。静岡の富士山を見ながら、一杯やろうツアーや、石原裕次郎記念館を見ながら一杯やろう北海道ツアーなど楽しい企画で楽しんだりもしました。当時はまだ、港の中にも人や車が入れたので横浜港を見ながら一杯やろうツアーなど横浜市民ならではの企画もありました。

現在、縁があてバンカート敷地内で営業させて頂いています。

9月1日【月】

032

鉄道法律先生

9月2日［火］

関川雄介

一九八八年神奈川県横浜市生まれ。幼少期に、鉄道に興味を持ちはじめてから、買い与えてもらう玩具や本はすべて鉄道関係のものを望むようになった。また、親に駅や線路の近くの他、各地の鉄道の博物館へ連れて行ってもらい、列車の観察を楽しんでいた。小学生の頃には、図工の授業で電車に関する絵や工作ばかり製作していた。中学・高校時代には、カメラバッグと三脚を担いで関東・甲信越地方各地の鉄道の写真を撮ることに夢中であった。大学・大学院に在学中は、弁護士を志して法律を勉強する傍らで、全国各地の鉄道に乗りに出掛けるようになり、現在に至る。

この講義では、私の二〇年来趣味の対象である鉄道について、私が専門としている法律の観点からの魅力をお話ししました。授業の前半では、鉄道に関する法律や裁判の事例を四択クイズの形式で紹介しました。授業で取り上げたテーマは、展望車両の回転できない座席に座った乗客が絶えず進行方向と反対の風景を見続けなければならなかったことについて鉄道会社に慰謝料の支払いを請求した裁判例や、女性専用車両に男性の乗客が乗車すること、鉄道の運賃の値上げを阻止する訴訟を沿線住民が提起すること、定員オーバーで列車を運転することに関する法律上の問題点です。

授業の後半では、事例問題について、参加者の皆さんに被害者や鉄道会社、検察官のいずれかの立場の主張をするディスカッションを行いました。検討した事例は、特急列車の走行中に網棚から他の乗客の荷物が落下して負傷した原告が鉄道会社に対して損害賠償を請求した民事訴訟と、泥酔客がホームから転落して列車に轢かれて死亡した事故について駅員が業務上過失致死罪の罪責を問われた刑事訴訟です。このディスカッションを通じて、参加者の皆さんには「過失」の成否という争点の検討をするために鉄道会社や利用者が負うべき注意義務について考えていただきました。

033

口琴先生

らるふ

一九六五年神奈川県生まれ。

日本口琴協会会員。

二〇〇三年から二〇〇四年にかけて、元村八分のカント氏主催の音楽集団「山脈ズ(〇△□)」にて口琴及びヴォイスとして活動。アルバム「マーブル・シープ・ミーツ〇△□」のレコーディングに参加。二〇〇四年一月「ぴやぼんの夜」(府中カフェスロー)出演。

二〇〇八年第一回国際口琴フェスティバルin東京出演。


私は普段は主にネパールの口琴と日本の口琴、そしてハンガリーの口琴を使って演奏しています。

演奏スタイルとしては心象風景を描写するようなものだったり、テクノやトランスのようなクラブ・ミュージック的なものだったり様々です。基本的には常に即興で、その時に頭に浮かんだメロディというか音の要素をそのまま口琴の音に変換するような感じです。

口琴には「これが正解」「このようにやれば必ず上達する」などといった決まったメソッドはありません。

各人がそのイマジネーションの赴くままに演奏すればそれでOKな楽器です。

だからこそある意味では個々人のセンスが試される難しい楽器と言えるかもしれません。

9月3日[水]

034

チヂミ先生

キム・スヒャン

一九七四年東京生まれ。

幼い頃からきむ家の祭事でチヂミを担当する。

一九九七年から韓国のソウルで暮し、地域や家庭ごとに違うチヂミの豊富さ、奥深さの虜になる。

今もまだ出会っていない、未知のチヂミを求めて韓国中を巡っている。

チヂミごとに良く合う、さまざまな塩辛との味の組み合わせを楽しむのがマイブーム。


在日三世として生まれ、日本でも韓国でもないオリジナルな母の料理を食べて育つ。その反動からか、一九九七年の韓国留学をきっかけに韓国料理への飽くなき探求が始まり、韓国全土の食を取材する中で、地域ごとに違うチヂミの魅力の虜になる。特に村の宴や家族の祭事など、人が集まってみんなでわいわいがやがや、井戸端会議をしながら作る本来のチヂミの魅力を伝えるべく、「チヂミ先生」ではチヂミの紹介と共に、参加者一人一人にチヂミを焼いていただいた。火加減、油の量、比率、道具まで、美味しいチヂミを焼くのは簡単なようで難しい。これからも美味しいチヂミの研究を続け、オリジナルチヂミを生み出していきたい。

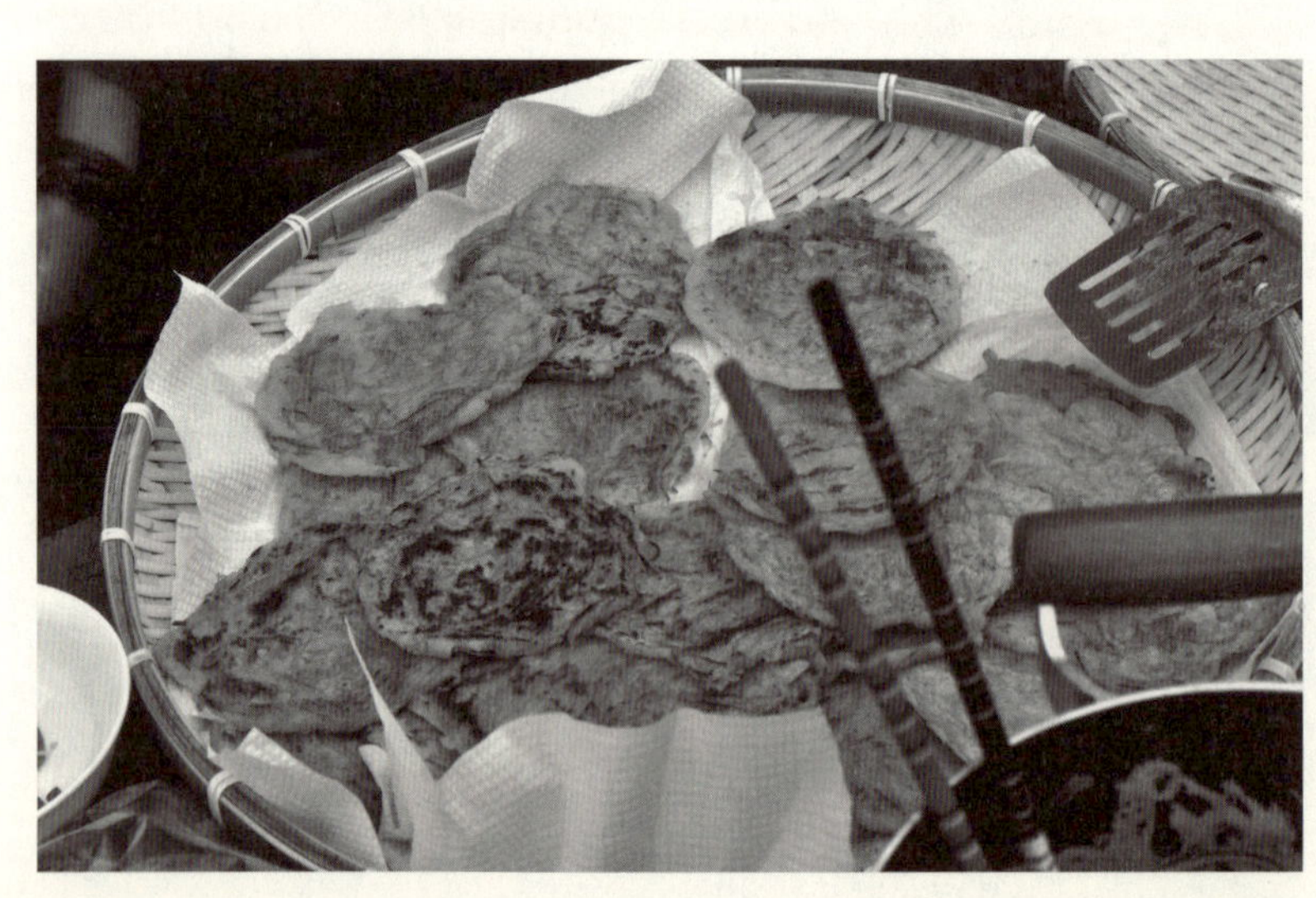

9月5日［金］

035

ノイズ先生

Low-Tec

二〇〇〇年結成。

Bゼミの開発好明、栗原元とのトークにゲストとして高安利明に音楽を依頼したのをきっかけに、本格的に第一回大地の芸術祭にて活動をスタート。毎年数回の演奏活動を行う。

二〇〇〇年越後妻有アートトリエンナーレ With Bゼミ（越後妻有、日本）に正式にLow-Tecとして活動開始。

二〇〇四年スーパーデラックスにてライブ。二〇〇八年府中市美術館、国立新美術館他多数で演奏を行う。


二〇〇〇年当時、既に高安は作曲活動を開始し、私は駅改札を抜ける際に手元のラジオから面白い音が流れる実体験をしていた。

そこで、Bゼミでのトークの際に私の話しが面白くない時に音楽を流すというコラボレーションを経て、ユニットを組む事になった。

当時ノイズミュージックはマニアックな世界だったのだが、そこにパフォーマンス的な要素を加え現在に至る。

音楽とは音を楽しむ事。勉強する事ではなく、文字道理楽譜の読めない二人によって様々な音に対するアプローチを行っています。

使う物はレコードプレーヤー、電動ドリル、使い捨てカメラ、ラジカセなど、音楽的な物とそうでない素材が混在した音作りをしている。

9月5日【金】

036

地下鉄先生

黒田一樹

一九七二年四月馬鹿札幌生まれ。

[地下鉄歴]

アタック25やゴレンジャー、ピカソやミロやモンドリアンを愛し、カラフルな路線図に酔いしれた4歳児は、本業の経営コンサルタントの傍ら、「世界征服」を掲げ、世界一七四都市中一一七都市で地下鉄に乗ってきた。

著書『乗らずに死ねるか! 列車を味わいつくす裏マニュアル』(二〇一四、創元社)、TV出演歴:TX「TVチャンピオン 東京地下鉄レジャー王」(二〇〇四、TX)「メトロポリスの動脈・地下鉄」(二〇一三、韓国OBS)ほか。

9月6日[土]

人体に血行、経営には金回りが重要であるように、人々のスムーズな移動は都市の活力の源です。都市の象徴である地下鉄は現在、東アジアの三九都市で走ります。開業初年を見ると日~韓・台~中の順に経済発展を遂げたとわかります。

路線図は語学にも有効です。二カ国語で書かれた駅名は固有名詞なので、意味を覚える必要がありません。私はこれでハングルやキリル文字を身につけました。同時に、都市の構造や路線網の発達過程などの「力学」が読み取れます。特に目抜き通り直下を走る1号線は、最初に開通しただけに、都市の威信をかけたユニークな意匠が見所です。

横浜の地下鉄は一九七二年開業。東京との違いを主張する「威信」はデザインでした。開業前に錚々たるメンバーで全国初のデザイン委員会を招集、ファニチャーは柳宗理、車両やサインシステムは栄久庵憲司、色彩計画やレリーフは粟津潔が担当。失敗した試みもありますが、今も馥郁たる残り香があります。関内での本牧方面への延長線、元来B3に駅ができるはずだった桜木町など、ご破算になった計画の遺構も地下鉄の魅力。特に桜木町駅B2の商店街は、開業当初のルールに則ったサインシステムが胸を締め付けます。

037

自然育毛先生

戎小次郎

9月6日【土】

本名：桑原一久、フリーランスのライター兼編集者、週刊プレイボーイ、AERA、週刊金曜日などに長年、寄稿。その傍らで、単行本編集なども手がける。得意分野は、不思議なこと一般。日本環境ジャーナリストの会 会員。三四歳で若ハゲと呼ばれ、民間療法研究家など独自のネットワークを頼りに、医薬品には一切頼らない、自然育毛対策を自分の頭に施す。その結果、見事、若ハゲから生還、髪の毛はフサフサに。五〇になった今も、三四歳の時より髪の毛が多い。

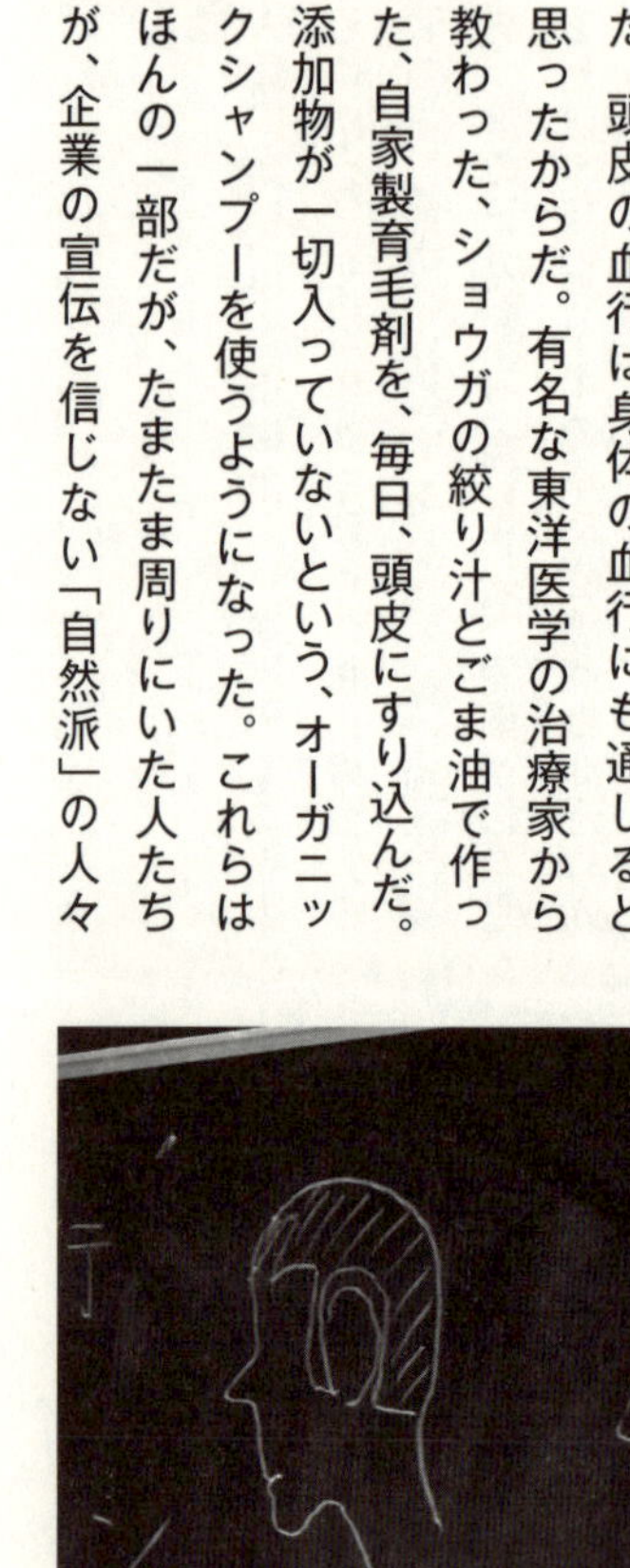

三四歳の時、東京の路上でチンピラに「ハゲ」と呼ばれ、愕然とした。実際に、その当時は、頭頂部がかなり薄くなっており、まさに若ハゲだった。まだ若いのに…。そこで、どうせハゲるなら、あらゆる育毛法を試してみようと思い立つ。たまたま環境問題を扱うライターであったためか、周囲には民間療法や東洋医学の専門家が大勢いた。そういう人々に片っ端から、ハゲを治す秘策を訊き、すべて実践してみた。ハゲは頭皮の血行不良が原因という説を信じ、毎日、半身浴するようになった。頭皮の血行は身体の血行にも通じると思ったからだ。有名な東洋医学の治療家から教わった、ショウガの絞り汁とごま油で作った、自家製育毛剤を、毎日、頭皮にすり込んだ。添加物が一切入っていないという、オーガニックシャンプーを使うようになった。これらはほんの一部だが、たまたま周りにいた人たちが、企業の宣伝を信じない「自然派」の人々であったため、この時試した育毛法は、薬品メーカーや化粧品メーカーが販売する高額な育毛剤等を一切使わない、自然育毛法になった。で、約二年で毛髪を奪還した！髪の毛はウソのように増えてきて、フサフサになった。五〇の今も、三四歳の時よりも多いくらいだ。

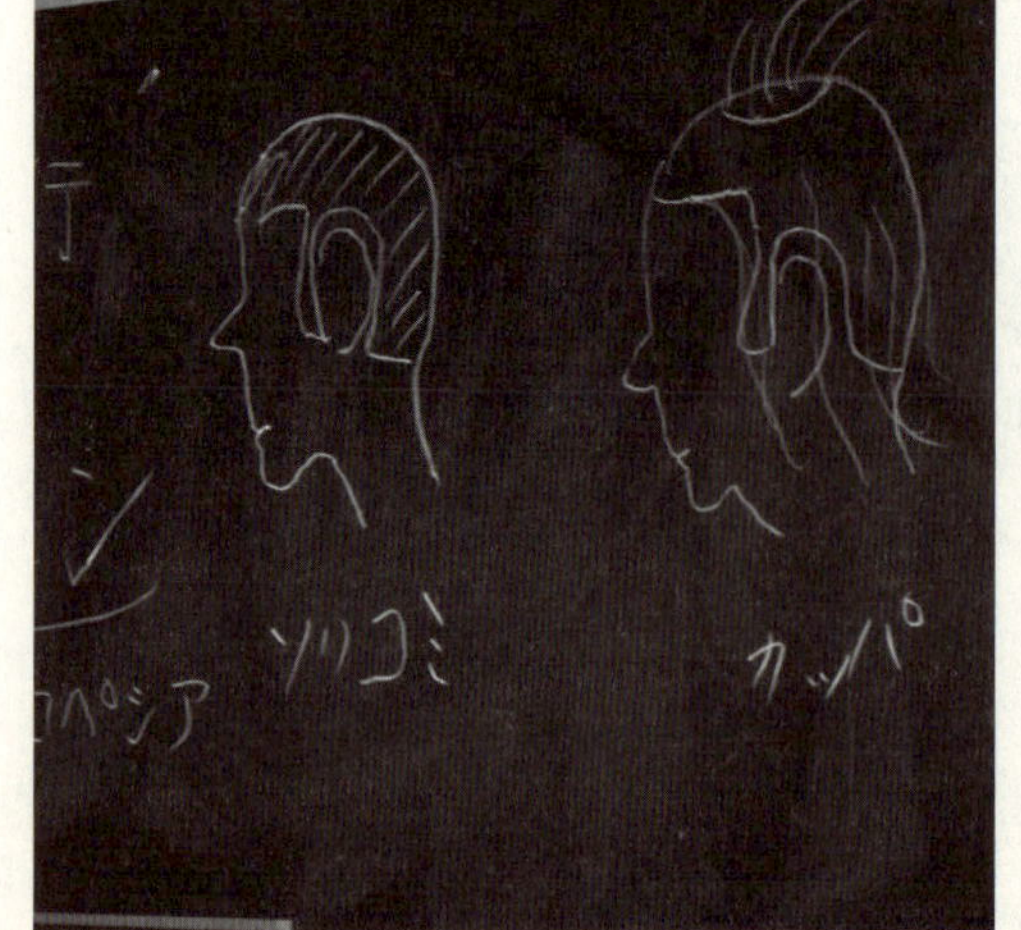

038

ダム先生

琉

東京生まれ。家族旅行で偶然ダムを訪れたのをきっかけに、中学生頃からダムに興味を持ち始める。最初は旅のついでだったダムが、いつしか旅のメインに。そしてホームページを作ってみたいと思い立ち、独学でウェブサイトを立ち上げ現在まで続いている。趣味のひとつに過ぎなかった筈が、近年ダムツアーのガイドや各種メディア出演も精力的に行っている。

ふとしたきっかけでダムツアーのガイドを任されたのは二〇一二年の冬でした。右も左も何も分からぬスタートでしたが、沢山の人に助けられ大成功となりました。その後も何度か同様のツアーガイドやプロデュースを行う様になり、その経験を元に各種講演にてダムツーリズムに関する自分なりの考えを発信しています。プロデューサーと言うと仰々しい感じもするし偉そうでもありますが、そんな事はなく自ら名乗っているだけです。数年前まではダムが見学者を歓迎するなど本当に稀なケースでした。通常公開されていないダムや場所を見るのには一苦労でしたし、それが普通でした。こういう事を言ってると「昔はこうじゃったのに今時の奴は…」と言うおじいちゃんみたいであまりしない方が良いのかと思うのですが…ついそういう事を言ってしまいたくなる程に、状況が変わったのです。その流れを自分でも少しでも後押し出来ればと思っています。ダムの良さ、ダムの面白さは果てしない程にあります。見るだけでも良いし、洪水の度に水位と雨量とにらめっこをしても良い、建設現場で人類の英知とエネルギーを感じても良い、歴史の一頁に思いを馳せても良い。とりあえず、ダムに行ってみましょうよ。

9月7日［日］

039

焼き芋先生

チョウハシトオル

一九七九年神奈川県生まれ。多摩美術大学卒業後、都内デザイン事務所に勤務。だが、都市で働き続ける事に疑問を感じ地元神奈川の西湘で独立。遊び半分で始めた「焼き芋屋」に、やがて使命を感じ、現在、焼芋家として活動中。

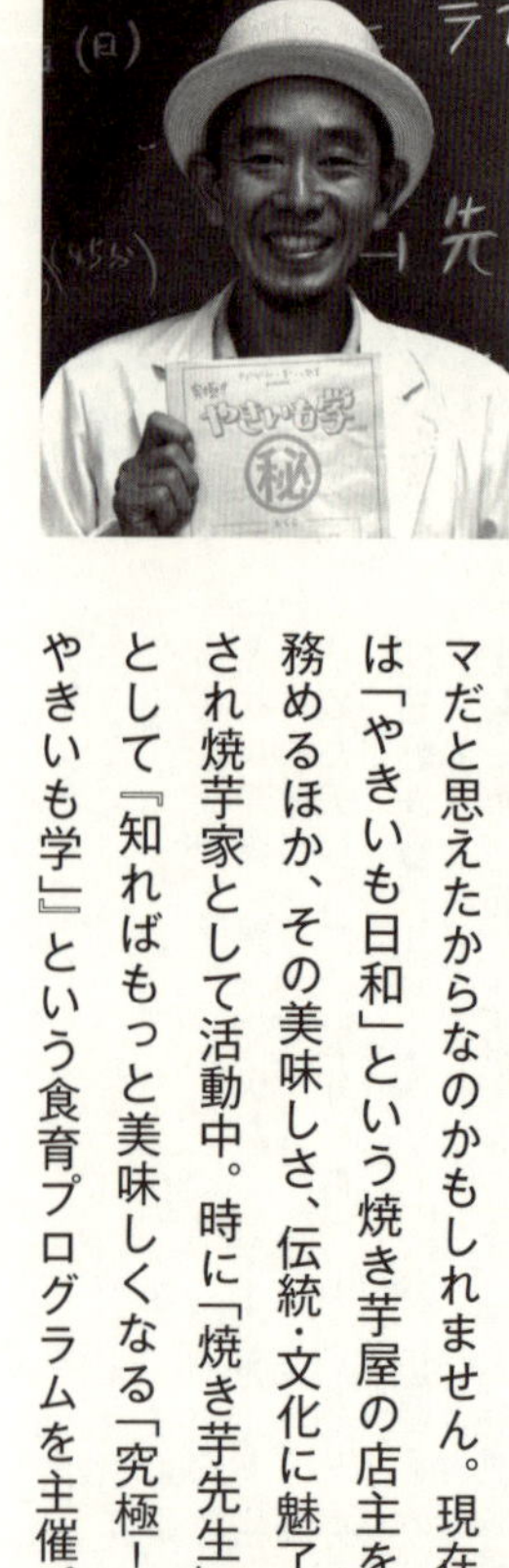

9月7日［日］

一九歳のとき、当時流行していたチャールズ&レイ・イームズの家具に憧れ、家具デザイナーになる事を目指し、多摩美術大学に入学。卒業後は東京のインテリア関係のデザイン事務所に勤務するも、日々仕事に徒労し都市で働き続ける事に疑問を感じ、地元神奈川の西湘に戻り独立。まずは自分の事を地域の方に知ってもらわなくてはと思い、PRの為に「焼き芋屋」を遊び半分で始める。当時二九歳。なぜ「焼き芋」っだったのか…。振り返ってみてもその理由をはっきり覚えていませんが、単純におもしろいと思ったのと、リデザインの対象として「やきいも」がすごくいいテーマだと思えたからなのかもしれません。現在は「やきいも日和」という焼き芋屋の店主を務めるほか、その美味しさ、伝統・文化に魅了され焼芋家として活動中。時に「焼き芋先生」として『知ればもっと美味しくなる「究極!やきいも学」』という食育プログラムを主催。そこではサツマイモを育てながら、焼き芋の歴史、美味しさの科学的な根拠などについて学びます。今後も、この古き良き日本の「焼き芋文化」を継承するとともに、現代にマッチした新しい焼き芋を表現していければと思っております。

040

広東語先生

ジョイーリー

一九八四年香港生まれ。香港大学文学部で言語学を学ぶ。大学院に進学し、認知脳科学の研究を続ける。二〇〇六年新潟県・越後妻有大地の芸術祭にて初応援。二〇一三年より来日、現在は市原湖畔美術館にて出向している。

9月8日〔月〕

ネイホウ（日本語：こんにちは）。

広東語は、香港、マカオ、中国の広東の住民の言語の一種で、粤語（えつご）ともいいます。広東語と中国語の北京語の違いは、私に言わせれば、日本語と韓国語くらい違います。広東語しか話せない人と北京語しか話せない人は、会話することができません。さて、私は香港出身なので、香港の広東語を例に説明します。

香港の公用語は、「中文」と英語です。

一九九七年より、香港が中国に返還された後、公の場において用いることができる言語は上記2言語とされました。「中文」とのみ規定されていますが、これは、中国の北京語と同じ言語という意味ではなく、詳細は省略し、今度説明します。事実上の香港の共通語は90％以上の香港人の母語である広東語です。多くの人々は広東語を話し言葉と考えていますので、フェイスブック、SMSや雑誌などにしか、広東語で書きません。ビジネス文書、一般書籍や教科書などはすべて書き言葉の「中文」（台湾の国語や中国の北京語）で書かれています。近年では、香港でも、近隣の中国・広州でも、広東語の日常使用を制限する両方の政府の方針に、多くの人々が危惧を感じています。言語というものは香港人のアイデンティティの象徴ですから、地域文化の保護や「広東語を守る」ことを呼びかけるため、書面でも広東語を用いることが多くなりました。文字は、繁体字（はんたいじ）で表記されます。現在、中国では使われてませんが、主に香港、マカオ、台湾で使用されます。みなさんは、イギリス人に「ボンジュール」と挨拶しませんよね？では、どうして香港の友達には「ニーハオ」と言うのでしょうか？わたしたち香港人は、中国語（北京語）で話しかけられると、違和感を覚えます。ですから、みなさんにいくつかの広東語の挨拶―例えば「ネイホウ」など―を学んでいただけると大変うれしく思います。

041

くんくん先生

井上尚子

一九七四年横浜生まれ。「くんくん歴」(匂い嗅ぎ歴)二〇〇七年から自然環境、地域にまつわる文化・歴史、人の香りを楽しむワークショップをスタートして今年で早八年。日本全国をくんくん嗅ぎ回り、「匂いと記憶」についてアートと嗅覚機能の専門的知識を紹介しながら、匂いをツールにしたコミュニケーションを育む場を美術館、教育現場、企業、公園、様々な地域で開催。時代と自然環境の変化を匂いで感じ、「見えないからこそ気づく世界」を楽しみ続けています。

二〇〇一年から「匂いと記憶」をテーマに制作し、美術館などでは「記憶回想装置」として匂いと音、光を使った体感型インスタレーション(空間作品)を発表しています。ここ近年は、空間作品よりも参加者と直接コミュニケーションが取れるワークショップ「くんくんウォーク」を中心に活動し、日本全国を歩き周り、匂いから記憶を回想し語らう時間と場を提供しています。

くんくん先生の授業では、実際に匂い素材の入った数種類のスクイーズボトルを参加者(受講生)と共に嗅ぎ比べ、個々の感想や匂いの経験をインタビューし、それぞれが想起する匂いのイメージを語らいました。匂いの記憶から引き出されるポジティブ、ネガティブな面から捉えた匂い談義は個性が溢れて面白く、話が尽きぬ授業になりました。

匂いの感覚は、他者と共有、共感できないからこそ、自分がどのように感じたかを他者と語らうことでお互いを知る機会になります。目に見えない感覚は、相手を信じることから始まり、無意識に心の扉を開け、他者を受け入れる自分に気が付かせてくれます。匂いがつなぐコミュニケーションの輪を世界中に広げていきたいと思っています。

9月9日【火】

042

ダンス先生

9月13日［土］

ヨネエリ

米田沙織（ヨネ）と升水絵里香（エリ）のダンスデュオ。偶然一緒だったダンスのワークショップでの創作がきっかけで結成。共同振付・構成による作品創作を行い、劇場以外の空間やイベント等で踊る。二〇一一年、3331アーツ千代田で行われた文化系運動会「ドリフ大運動会」ではだれでも楽しく身体を動かせる、『ヨネエリ体操』を考案。

ヨネエリのダンス先生は、バンカートに展覧会を観に来た方々にもふらっと寄って、踊っていってもらえるような、誰でも楽しく踊れる内容を目指しました。

当日は天気も良く、二階テラスでの野外授業。2歳位の小さな女の子から人生の先輩まで、幅広い年齢層のみなさまが集まって下さいました。

始めは輪になってのんびりストレッチ。秋晴れのみなとみらいを眺めながら外の空気を思いっきり吸い込めば、普段は意識的に動かさない身体の部位もしっかり伸ばされていきます。

次は音楽に合わせて歩くことで、踊る身体とこころの準備をしました。歩くところから始まり、次第に動きを加えていくことで、みなさんスムーズに身体が動かせるようになっていきました。

後半はいよいよ曲に合わせて振付です。みんなが知っていて、印象に残る曲で踊りたいと考え選んだのはJポップ。

日常的な動作や、イメージのしやすい言葉を用いて振付をすることで、動きも身近に感じてもらえるよう意識をしました。最後はきれいな夕焼けに向かって全員で踊りきり終了。

参加者の皆様に、ダンスの楽しさと、身体を動かすことで味わえる充実感を少しでも感じていただけていたら嬉しいです。

043

エイジング先生

伊藤加奈子

一九九一年二月二五日うまれ。今年が年女の羊女子です。エイジング先生は初めてやったので正式活動はあの横浜からスタートです。エイジングは約二年前くらいから活動中です。日々日常にある錆びやハガレ、木の色の変化を観察しています

授業では実際にエイジングペイントとはどんなものかを体験してもらいました。エイジングとは本当は新しい物であっても、時間の経過や雨風、使用によってダメージを受けたり古びたりしているようにみせるペイントです。今回は未ペイントの砂時計の木部に色を塗って、古びていて、まるでずっと昔から使っていたような砂時計に変身させました。良く触りそうな所やぶつかってペンキがハガレそうな所を観察してもらい、発泡スチロールでできたブロックに絵の具を付けて塗るブロックエイジングという技法で色がハガレた表現を学んでもらいました。

9月14日［日］

044

ダウジング先生

9月15日［月］

堤 裕司

一九六二年生まれ。ダウジング歴十四才の頃にダウジングを本で知る。自分でも実験し、反応を確認。一九八四年一月に、日本ダウザー協会を設立。日本でのダウジングの普及と共に、アメリカやイギリスの協会とも交流を図る。一九八九年にテレビでダウジングの実験を初披露、成功させる。その後テレビ、ラジオ、雑誌等で多く取り上げられる。一九九二年、イギリスで行われた、国際ダウジング協会の設立会議に出席。多くのダウザーと交流。一九九四年、ダウジングに基づく幽霊退治、ゴーストハンターズを組織し、これも多くの取材を受ける。実際の幽霊問題の解決も多くこなす。

一〇才の時にＵＦＯを目撃し、不思議やオカルト、ミステリーに強く惹かれて、そのれに関連する本を読むようになりました。読むだけでなく、実際に試してみよう、というと言う事を多くしてきたました。夜通しＵＦＯの観測したり、超能力の練習したり、心霊スポット行ったりなどです。

そんな中にダウジングと言う技術を知り、深く惹かれていくこととなりました。

「ダウジングは、超能力ではなく、技術である」が私の主張でもあり、海外の大多数のダウザーの共通意見でもあります。だから、それは伝えることができます。練習は必要だけれど、誰でもが身に付けられる技術なのです。その考えのもと、自分でも練習し、それを人に伝える事をしてきました。今までに二〇〇〇人を越える人に伝え、ダウザーを養成してきました。今回は、なぜ動くのかと言うような、ダウジングの作用機序よりも、体験として感じてもらう点を重視しました。自分に合った重さの振り子を作り、振り子のダウジングを練習し、ハンガーを使ったＬロッドを練習して、最後は宝探し。二つ隠した高価な振り子は、見事に探し当てられました。当てたダウザーにプレゼントしました。

OSCAR T. BRANSON
DOWSING DEVICES

045

震災避難者支援先生

梶 雅之

一九六九年四月二四日生まれ。カフェの活動も避難者支援の一環で守りたい・子ども未来プロジェクトで行っています。ふくしまカフェ：避難者が集える場所、東日本大震災の情報提供の場として運営 しています。カフェのスタッフには避難者自身も加わることがあり、福島の地方紙、福島民友、福島民報を毎日取り寄せています。また行政情報として福島の浜通りと中通の市町村の広報誌を三か月分おいています。広報誌まで置いてあるところは全国を探してもないと思います。開始の時期としては、二〇一三年二月からです。

9月16日［火］

私たち「守りたい・子ども未来プロジェクト」では東日本大震災で神奈川県に避難している子どものいる家庭に焦点を当てた支援事業を行っています。神奈川県内に避難している人はどれくらいいるかわかりますか？

二〇三五人（復興庁：二〇一五年二月末）

神奈川県内ではピーク時に三〇〇〇人ほどの避難者がいました。もちろん復興庁が把握してい避難者や一時的な短期の避難者を含めるともっと多くの方がいたと思われます。私たちの事業では毎月のように避難者交流会を開催しています。個人情報の問題もあり、避難者がどこにいるのか私たちも全くわからない状態で支援事業を始めました。神奈川県の避難者支援の活動に合わせ、交流会のチラシなどをまきました。ただ、私たちがターゲットとしている避難者は子どもがいるご家庭でした、そのようは親子が参加できる交流会として、子どもが楽しめるイベントを付 けての交流会を仕立てました。

慣れない土地にいきなり来ての生活は様々な問題を抱え、住民票が被災地があるがゆえに、銀行口座を開設できなかったり、部屋を借りることができなかったり、子どもの保育園への入園がなかなかできなかったりと大変な思いをしていました。

交流を通じで今後も、情報交換と共に、震災の事を忘れないようにお手伝いを続けて行きます。

046

鏡文字先生

9月17日［水］

佐藤友梨

一九九三年茨城県生まれ。

二〇一四年六月
東京の美術館にてワークショップのお手伝いをした際、初めて鏡文字の能力を指摘される。字を覚え始めの子に記名してもらおうと、その子から見て通常の向きになるよう、向かいあって上下逆さでお手本を書いたのがきっかけ。左右を反転させた鏡文字ももしかしたら書けるのではないかと試してみた。

二〇一四年八月
夏休みに入り、鏡文字についての文献を見つける。また、友だちと鏡文字を書く遊びを始める。

鏡文字は、左利きの人、あるいは元左利きで右利きに矯正された人に多いといいます。また、幼い頃鏡文字を書いていた人の多くは、成長する過程で周りの人たちによって直すように言われてしまうので、大人になるまで鏡文字を書き続ける人はほとんどいないそうです。しかし、私はもともと右利きで、右手を使って鏡文字を書くことができます。小さい頃に鏡文字を書いていた記憶はなく、今も日常的に書いているわけではありません。ただ、鏡文字を書いてみると、なぜかすらすら書けてしまうのです。

鏡文字と出会ってから三ヶ月足らずで迎えた鏡文字先生では、鏡文字の定義やメカニズム、歴史上の鏡文字使用者、身の回りにある鏡文字についてのお話と、鏡文字の実践をしました。実践の時間には、「鏡文字のお手本を見ながら鏡文字を書く」「通常の文字のお手本を見ながら頭の中で反転させて鏡文字を書く」「何もお手本を見ずに頭の中に文字を思い浮かべて鏡文字を書く」の3つの方法で参加者の方に鏡文字を体験していただきました。答え合わせは実際に大きな鏡に映して、正しい鏡文字になっているのかを確かめました。

047

レースクイーン先生

矢沢隆則

一九六七年一〇月二日、新潟県生まれ
二〇〇一年二月「All About」(オールアバウト)レースクイーンガイド。二〇〇六年一月「レースクイーン・アワード」実行委員&審査員。二〇〇六年一一月「レースクイーンパラダイス」(au)撮影&インタビュー。二〇〇七年一月「レースクイーン・アワード」実行委員&審査員。二〇〇七年十二月「エンタ!371」(つくばテレビ)出演。二〇〇九年七月「JOMO」8耐レースクイーン公式宣在撮影。二〇一〇年六月「ライブドアニュース」レースクイーン担当。二〇〇九年七月「ENEOS」8耐レースクイーン公式宣在撮影。二〇一三年三月「HANKOOK LADY」公式宣在撮影/「PUMA MOTORSPORT CREW」公式宣在撮影。二〇一三年七月「ENEOS」8耐レースクイーン公式宣在撮影。

レースクイーンとはサーキットにおけるキャンペーンガールである。チームをスポンサードしている企業や商品の広告等となり、メディアの取材やファンサービスを行う。レースクイーンが立つレースは「SUPER GT」をはじめとする国内のメジャーレース。海外レースには存在しない。採用は主にオーディション。レースクイーンを志す娘の殆どがプロダクションに所属しており、シーズンオフにスポンサードする企業が広告代理店を通して決定する。モチベーションは様々。タレントを目指す娘もいれば、レース好きが高じた娘もいる。キャリアは1年で辞める娘もいれば一〇年近く継続する娘もいる。平均すると三年といったところか。

9月19日[金]

048

羽釜先生

ひな

一九七〇年大阪生まれ
ケータリング「ひなや」の出張料理人
二〇一一年秋「鎌倉 ひなや やまのいえ」にて羽釜デビュー。
鎌倉「長谷の市」「鎌人いち場」に出店、
羽釜ごはんのたまごかけごはん販売
二宮の三〇〇年続くみかん農家のかまどで炊飯。山梨県勝沼シャトージュン（ワイナリー）ワインと和食のコラボ。

羽釜先生のきっかけは秋田の若手農家集団「トラ男」との出会い。

若手イケメン農家の彼らが作る美味しいお米を、美味しく食べてもらいたい。

1番美味しい炊き方、それは家電メーカーが炊飯器のCMで唱う「羽釜炊き」ならば本物の羽釜で炊いてみよう！という所から始まった羽釜ライフ。

現在は野外イベントやワークショップ、ケータリングなどに、羽釜とポータブルかまどと共に各地出張中。

お年寄りには懐かしく、若者や子供には新鮮に映る羽釜は、炊けるまでのワクワク、蓋をあける瞬間のドキドキ、おひつに移す時の湯気と香りにうっとり、噛み締めた時の美味しさにびっくり！のエンターテイメント。

忙しいとついおろそかになりがちな「食」への好奇心をくすぐり、食生活を見直すきっかけになればと活動しています。

9月20日［土］

当日は初めて羽釜を見た方や、家では土鍋で炊いている方等様々な方が参加し、羽釜の構造や炊き方の説明をしながら炊ける様子を見学し、炊きたての熱々ごはんを塩むすびにして召し上がって頂きました。

お米の美味しさを再認識して頂く、よい機会になったようでした。

049

段ボール先生

島津冬樹

一九八七年神奈川県生まれ。
［制作歴］
二〇〇九年多摩美術大学の芸祭で初制作。二〇一〇年台湾の高雄にて二回目の制作。二〇一四年バンカートスタジＮＹＫにてダンボールワークショップで制作。今までのワークショップで一番参加者が多かった。

段ボールは生活に欠かせない。環境にも優しく、ある程度の強度も備わっており、安価で入手も容易、軽量で加工も簡単にできます。私たちはさまざまなシーンで段ボールを使っていて、最も身近な素材といえます。そんなすばらしい素材を使って、身近なアイテムに加工することでより段ボールのすばらしさを知ってもらえたらと思い、「Ｃａｒｔｏｎ」のブランドがスタートしました。

当日の段ボールワークショップでは、段ボールを選ぶところからスタートしました。一〇人ほどいたと思うのですが、どの段ボールを選ぶか、先に決めているひともいれば、すごく悩んでいる人もいて、その光景はとても印象的でした。普段は段ボールなんて見向きもしない人も、いざそれで名刺入れを作るとなるとそこに「好み」が生まれ、少しでも自分にあった段ボールを選ぶようになるのです。段ボールの見方が変わってしまったのを、皆さん実感していました。

9月20日［土］

050

仮面先生

大川原脩平

一九九〇年青森県出身。大学在学中にシアターマスクに出会う。二〇一四年、現代作家の仮面を扱う専門店「仮面屋おもて」をオープン。「新しい仮面文化の創造」をテーマに、仮面ユニットteam Maskのダンサーとして各地でパフォーマンスを行う傍ら、マスクワークショップのファシリテーターとして活動。

9月21日［日］

わたしは舞踏というおどりをおどるダンサーです。そして、仮面屋おもてという仮面のお店をやっています。仮面は一見、なんの用途もなさそうな装飾品にしか見えません。けれど、舞台の世界では、俳優が成長するための立派な道具として扱われています。また、原始の時代から仮面は存在し、私たちを掴んで離さない妖しい魅力を持っています。

仮面は現代にあってなお、人間にとってとても大切なことをたくさん教えてくれます。例えば、仮面をかぶると、顔にばかり目がいくように思われます。しかし、じっさいには、からだの癖やそのひとのふるまいがよく見えるようになります。自分のからだや、他人のからだを再発見する道具として、仮面はとても有効です。仮面は私たちの変身願望をすんなり叶えてくれる一方で、自分自身のからだがひとつしかないことをまざまざと見せつけるのです。私は、それをとても奇跡的な発見だと思います。

そのように、実際に仮面をかぶってみてはじめてわかることがあります。たくさんのひとに、そうした仮面のほんとうを知ってもらうために活動をしています。

051

コレクター先生

9月22日【月】

塩入敏治

一九四八年五月一五日生まれ。
一九八四年初めて作品を購入。
一九九〇年牛波さんと出会う。
一九九二年～九八年美楽舎の《マイ・コレクション展》にコレクションを出品。
二〇一五年アートライン柏コレクターズ・アイの特集でコレクション三五点を出品。

中国人アーティスト・牛波（Niu・Po）さんをご存じですか？

一九八八年に日本に移住した北京生まれの中国人アーティスト牛波さんは、一九九〇年代初めに日本で華々しくデビューしました。北京画学院で美術を学びましたが、伝統的美術に不満を感じ天安門広場で許可なく『移動美術展』を敢行したことで、北京の監獄・宮徳麟に投獄されてしまいました。一九八七年に日本に移住してからプロジェクト・アートを積極的に行いました。セスナ機からオイルガスを撒いて、大空をキャンパスに絵を描く《大空絵画》を行いました。また、ジェット機が急降下するときに生じる無重力状態を利用した《無重力絵画》など、数々のプロジェクト又はパフォーマンス・アートを行っています。《大空絵画》は世界一周を目標にしていましたが、ボストン上空を最後に途絶えてしまいました。文学的才能がある牛波さんは、北京で投獄された頃に詩をつくり、詩集『河・宮徳麟』を発行しています。また、映画も制作しました。原作・脚色・総監督による日中合作映画『王様の漢方』です。その後消息を絶った牛波さんは、近年、中国で僧侶として出現しました。僧侶はアーティストの修行のためというわけです。日本に移住した頃牛波さんと出会い、そのアートの大きさに感動、すっかり現代アートに魅了されてしまいました。アートは視覚だけでなく、全身を通じて知覚・認識することの重要性を教えられました。

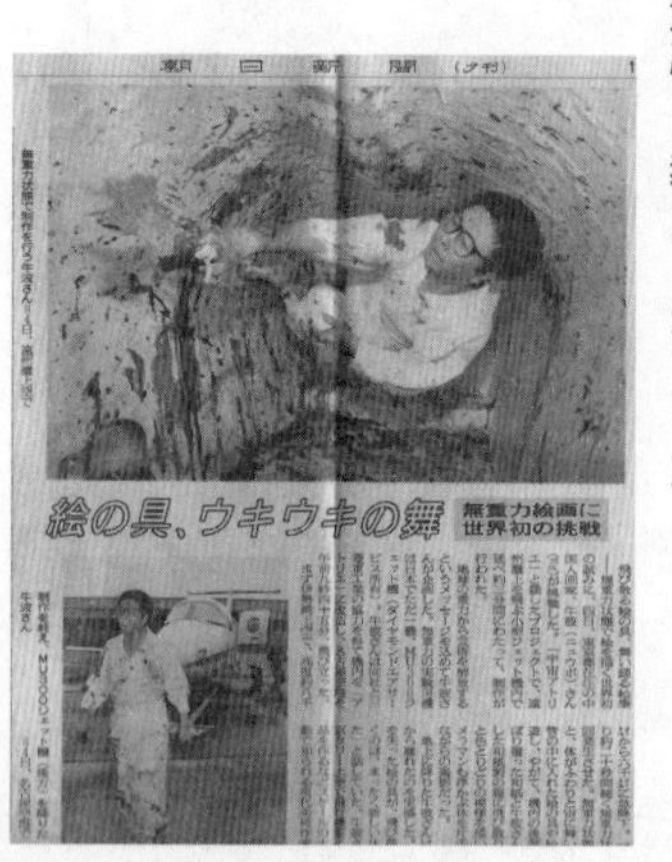
絵の具、ウキウキの舞
無重力絵画に世界初の挑戦

052

ライトボトルズ先生

樫村和美

一九六八年 神奈川県生まれ。
・技術士 建設部門（都市および地方計画）なんて堅い肩書きを持つ会社員が、何かを思ったか二〇一〇年からバンカートスクールに国内留学。
・ハンマーヘッドスタジオ新・港村と新・港区に入居しペットボトルを切り続け、「ライトボトルズ」でスマートイルミネーション横浜二〇一三でアワードグランプリを頂く。
・二〇一四年は招待作家としてワークショップと古い海辺の神社で展示。各所におよばれしボチボチやっています。

9月24日［水］

大学の卒論は「現代美術と美術館計画」中味は突撃！アーチストとその友達の輪、学芸員さんによるインタビュー集と、街中に入って行くスタイルの国際展覧会「ドクメンタ」。卒制は「屋外インスタレーションによるつくば芸術祭、アートを通した風景の再発見」。

そんなこんなで都市を知り、地域を変える手法は、美術館に代表される「ハコモノ」ではないし、もちろん道路や広場、団地整備や橋とかダム整備とも限らないって、はじめから思っていた。だってそれって誰のためにある？

たっくさんのお金と時間かけ・・・。

なあんて自分の商売に仇になる考えを、逆に隠して仕事にインストールし、闘ってはやっぱりって疲弊していた不器用な前半生。

けれどライトボトルズはそれを打ち破る。この元のアイデイアは、フィリピンのスラム街、屋根につけた「ボトルライト」。インフラ設置も高い電気代もなく暗闇を払拭した。さらにその大元は船の甲板につけ底に光を届けるデッキプリズム（要はレンズ加工した古くからのトップライト）。

街づくりと省エネ技術と言うと大上段。でもこの光を美しく体験できたなら、欲しい！楽しい！、そして「面白い考え方」って誰かが思ってくれたなら、きっと私はしてやったり。

「身近な世界を見直そう」ずっと思っていたこと、やっとひとつ誰かに伝えられたから。

053

ムビラ先生

スミ・マズィタテグル

一九七七年愛媛県生まれ。
［ムビラ歴］
二〇〇七年世界一周の途中でムビラに出会う。二〇一三年ムビラの達人、ガリカイ・ティリコティ氏を日本に招聘し、ジャパンツアーを主催。二〇一四年ムビラのCD『KUSARIMA』を日本全国リリースし、ピーター・バラカン氏のバラカン・モーニングで取り上げていただく。同年九月二一日東京新聞にて人物紹介、一〇月四日文化放送の楽器楽園にてゲスト出演。

生きるか死ぬか、『運命に本気で立ち向かった者に神は微笑む』
そう信じて、陸路で世界を一周している途中、ムビラの存在を知りました。ムビラとは、アフリカはジンバブエのショナ族が奏でる楽器です。（ムビラをの演奏を習いたい）その一心でバスを乗り継ぎ、ようやくジンバブエにたどり着きました。しかし、たどり着いた当日、宿を探して歩いていたら、強盗にナイフを突きつけられ、はがいじめにされて身包みはがされました。そんな中「ムビラ」というキーワードを頼りにショナ族を訪ね、彼らの家に住まわせてもらい彼らの温かさにふれました。
そして彼らと生活を共にするにつれ、その文化の奥深さを感じるようになりました。
例えば、彼らはお祈りをする時、「私が他の人に対して悪い事をしないように導いてください」と願います。人を思いやるその精神は、忘れていた大切な気持ちを思いおこさせてくれます。会場では、そんな奥深いアフリカ、ショナ族の文化に触れていただこうと、アフリカやショナ族の伝統のお話をして、実際にムビラに触れていただきました。はじめて触る楽器ではありましたが、みなさん集中して練習していただき、最後には全員で合奏できるようになりました。

9月26日［金］

054

新聞バック先生

9月27日［土］

タカムラノリコ

一九五九年高知市生まれ新宿育ち横浜在住。
二〇〇八年夏、高知県で新聞バッグを手にして、ひらめく。二〇〇九年九月、四万十川新聞バッグインストラクター第一期生修了後、横浜のＹ１５０（開国博）ヒルサイドで最初のワークショップを行う。その後、東日本大震災の被災地に手仕事を作り出す「東北しんぶんバッグプロジェクト」などにも参加。第３回四万十川新聞バッグコンクール優秀賞。
新聞広告の関連会社で事務員をしながら、東京、横浜などのイベントを中心に「しまんと新聞ばっぐ」の伝道中。

そう、本当は『新聞ばっぐ』なんです。でも、新聞バックでいいんです。新聞バックは新聞紙とでんぷんのりだけで作るエコバッグ。いらなくなったものを工夫して楽しむ。不用品から役に立つものをつくる。新聞とのりがあれば、パパッと思いつくままに作れる、世界に一つの即興のアート作品。話のきっかけにもなるコミュニケーションツールです。

ワークショップでは、新聞紙１枚（４ページ分）でトートバッグを作りました。しっかりした持ち手は、紙を斜めに巻いて作った棒を曲げたもの。しまんとの特徴です。

一見同じように見えても、紙質やサイズなど、それぞれに異なる規格の新聞。紙面をどう見せるのか、どんな形に仕上げるのか、腕の見せどころ。ほんの少しの折り方の違いで、印象が変わります。同じように作っても、持ち手の太さ、長さにも個性が出ます。使うために作る新聞バックは、くたびれたらまたリサイクルできる、一生モノではない潔さも好き。作り手の心がそのままカタチに現れてしまう、新聞バックはクセになります。

055

新聞バケツ先生

9月27日［土］

小澤榮一

一九五二年二月三日、神奈川県茅ヶ崎市生まれ、六二歳。一九七〇年に神奈川県内の工業高校を卒業し、東京の新聞社に就職。コンピューターによる新聞製作システムの開発と運行業務に従事。その後、新聞印刷工場などを経て二〇一四年に退職。大阪に単身赴任中の二〇〇四年に新聞紙を張り合わせた厚紙を使ったバケツ(ごみ箱)作りを考案。二〇〇六年から新聞社のCS(顧客満足)推進運動として、小学生を対象に小学校、公民館、イベント会場に同僚と出向いてごみ箱作り教室を開催。二〇〇七年に社内表彰の賞金でエコプロダクツ展に初出展。退職後は個人で活動。

初参加の一〇〇人先生では、7人の方にお気に入りの朝刊1部を使い、後述の歌の要領で円筒形や星形のバケツを作ってもらいました。

ごみ箱作りの歌「今朝の新聞きれいだな　作ってみようよ ごみ箱を　用意するのは障子のり　ハケとはさみと洗たくばさみ　のりの濃さは障子はり　8枚ぐらいの新聞紙　全部張ったら板紙さ　ここまで来たら あと半分　はさみで底を切り抜いて　胴と底を組み立てよう　洗たくばさみの出番だよ　あとはひかげで乾かして　ごみ箱いっちょう できあがり　分ければ資源　混ぜればごみ　だから ごみ箱必要さ」

056

アイヌ先生

9月28日［日］

恵原詩乃

一九七七年北海道生まれ。伝統的な歌・踊り・楽器のパフォーマンスやアイヌ文化を楽しく伝えるワークショップ、イベントでのMC、北海道の森の中でのアート展の企画・運営など、多岐に活動。二〇一三年「アオテアロア・アイヌモシリ交流プログラム」に参加し、一ヶ月間ニュージーランドに滞在。先住民族マオリとの交流を深め、マオリ語の言語復興に大きく貢献した語学学習法である「テ・アタランギ」を学ぶ。二〇一四年八月ドイツで開催された国際口琴大会に参加。定評のあるムックリ(アイヌ民族に伝わる口琴楽器)の演奏を確かなものにした。

講座では挨拶や身近なアイヌ語の紹介に始まり、ムックリの演奏・弾き方の講座、そして「テ・アタランギ」を用い、アイヌ語を教えた。アイヌ語の紹介では、「シシャモ」や「トナカイ」など日本語として日常的に使っている言葉の中にアイヌ語の語源があることも教えた。参加者にとって身近に感じたことがないアイヌ語の存在を少しでも近くに感じてもらえる一助となることを願っている。

ムックリは一見シンプルな楽器に見えるものの、実際に演奏を試みると音がでない参加者が一般的で、この口琴楽器の奥深さを垣間見てもらった。実演では、想像を超える音の幅や種類に驚いてもらえた。

最後に「テ・アタランギ」を応用し、アイヌ語を教えた。「テ・アタランギ」とは、ニュージーランドの先住民族マオリがマオリ語の言語復興に用いた語学学習法で、英語を一切話さずに、マオリ語のみでマオリ語を学ぶ方法。「テ・アタランギ」でマオリ語を学んだ経験を生かし、この方法でアイヌ語を教えた。日本語を一切話さずに、カラーブロックや近くにあるペンや本を用い、1から10までの数字、赤や黄などの色のアイヌ語を参加者に伝え、参加者も真剣に学んでくれた。アイヌ語が置かれている状況、そしてその復興に力を注いでいることも、実際に学んでもらうことで共有できたことを願う。

057

ギャル文字先生

伊東友子

一九八八年横浜生まれ。美大のデザイン科在籍時より、文字・文学・美術の関わりをテーマに制作を続ける。その一端として修士課程の頃にギャル文字をはじめる。枕草子をギャル文字で綴った「タイピングによるギャル文字（枕草子）」は「typologic2012」「多摩美術大学大学院情報デザイン領域研究制作展2013」「The Tokyo Art Book Fair」等に出品。「タイポグラフィ年鑑2012」入選。「インターネットヤミ市2」にてギャル文字の受注販売をおこなった。

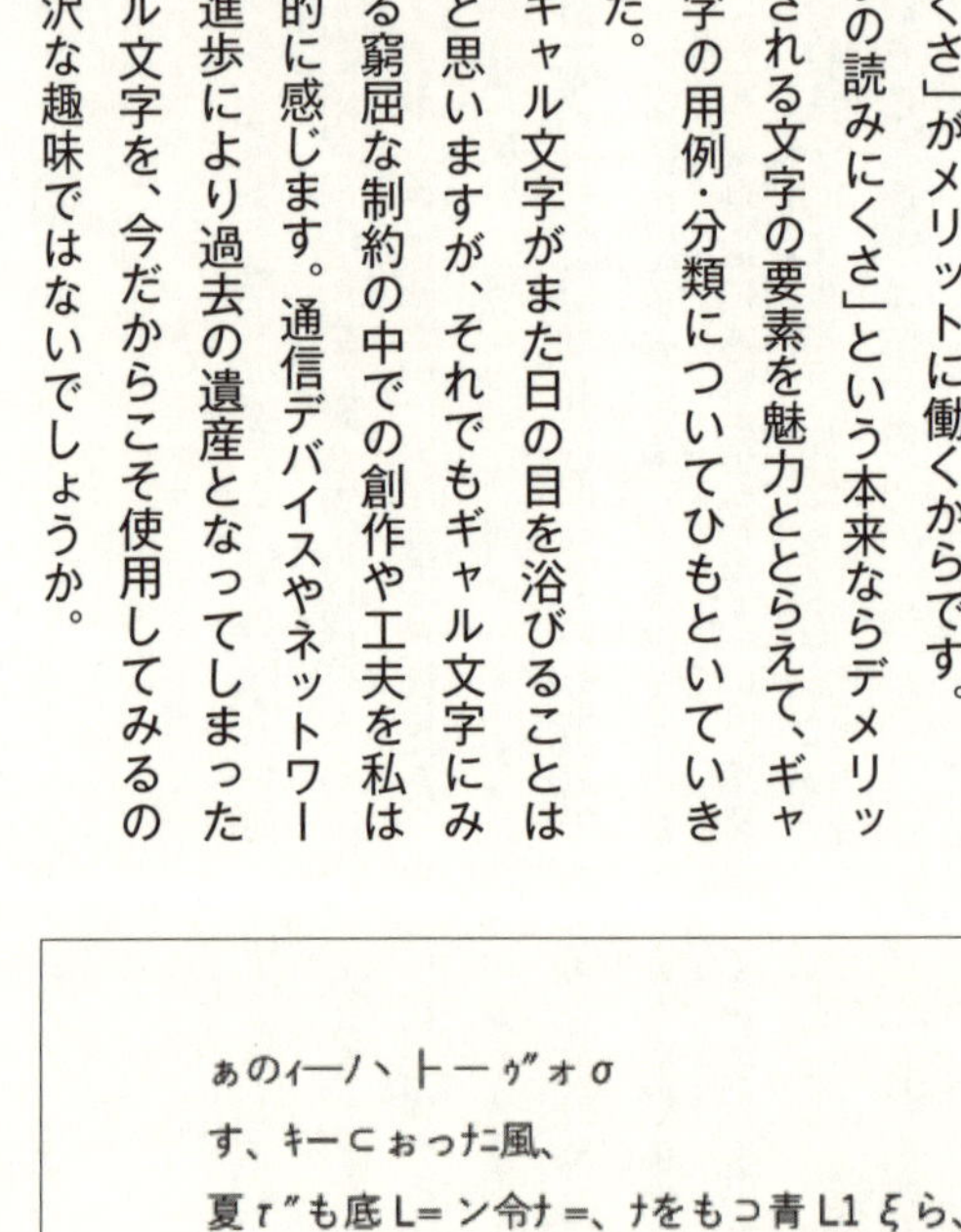

かつて少女たちのタイプする携帯メールなどでよく目にした「ギャル文字」。暗号のようで読みにくい文字は、マイナスイメージをもたれ、非難されることも多くありました。

それにもかかわらず少女たちの間で流行したのは、見た目の「かわいさ」などのほかに、「読みにくさ」がメリットに働くからです。「文字の読みにくさ」という本来ならデメリットとされる文字の要素を魅力ととらえて、ギャル文字の用例・分類についてひもといていきました。

今後ギャル文字がまた日の目を浴びることはないと思いますが、それでもギャル文字にみられる窮屈な制約の中での創作や工夫を私は魅力的に感じます。通信デバイスやネットワークの進歩により過去の遺産となってしまったギャル文字を、今だからこそ使用してみるのは贅沢な趣味ではないでしょうか。

9月28日【日】

ワンタッチでスタンプを送るよりも、何分も、何時間もかけて文字を組み合わせてメッセージを作り送ることは、メッセージを送る相手だけではなく、メッセージを作っている自分自身に対する問いかけでもあります。

ぁのィ―ハトーヴォσ
す、キ―⊂ぉっT=風、
夏τ”も底L=ン令T=、Tをもっ青L1ξら、
ぅっく∟レヽ森τ”飾られT=モ―└｜オ市、
交卩タトσ(キ”ζ、ギらひカヽゑ草@シ皮。

あのイーハトーヴォの
すきとおった風、
夏でも底に冷たさをもつ青いそら、
うつくしい森で飾られたモーリオ市、
郊外のぎらぎらひかる草の波。

058

バランスストーン先生

石花ちとく

二〇一二年三月、イタリア・アンコーナで始まった石積みアートのイベント「BAWI (Balance Art World Intermeeting)」での写真展示「INTERNATIONAL PHOTO EXHIBITION STONE BALANCE」参加。二〇一三年六月、恵比寿のギャラリーで日本初のRock Balancing展「石花ちとく展」開催。二〇一四年三月、横浜大桟橋「つながりの波止場 みんなの文化祭」ワークショップ参加。

9月29日【月】

テレビかネットか、六・七年程前にBill DanのRock Balancing映像を見たのが、私と石の邂逅です。二〇〇九年頃、当時3歳の息子が手離れした時期に、公園の石ころに手を付けたのが、私の石花始めです。それから石を立てては携帯画像を撮り、拾った小石を持ち帰って自宅でも行い、Bill Danとメールのやり取りをし、近くの河原に赴くようになり、ネットのSTONE BALANCE愛好者が集うコミュニティの最初の日本人になり、STONE BALANCEあるいはRock Balancing等を和名として「石花」と名づけ、自ら「石花ちとく」と名乗り、ワークショップを行うようになり、テレビで紹介されるようになり、今回はついに、先生と呼んでいただきました♪

私が最も伝えたいのは「こんなに面白い!」という石花体験です。石花は、作品鑑賞ではなく、創作行為です。誰もが石を手に取り、緊張と解放の狭間に訪れるあの刹那の感動を、出来るだけ多くの方々と共有してほしいと思っています。なぜなら、「俺ばっかり楽しんじゃってスミマセン」という気持ちでいっぱいだから(笑)それには画像も映像も不要です。立てたい!と思うお気に入りの石ころさえあれば♪

059

コロペタ版画先生

9月30日［火］

吉永蛍

一九八八年中国上海市生まれ。三歳のときに来日。日本の保育園に行くが、言葉と文化の壁にぶつかる。その時絵を描くことを通して、友達や先生とコミュニケーションをとる。二〇〇七年多摩美術大学絵画学科油画専攻入学大学三年の時に受けたワークショップでメデュウム版画という新しい技法を知る。アトリエで自主講座を開き、メデュウム版画の面白さを伝える。二〇一一年卒業東京都の小学校図工専科になる。子どもたちとメディウム版画を制作する。

今まで絵画作品を中心に制作・展示活動を行ってきた。大学を卒業後は、小学校の図工専科となり、日々子どもたちと共に図工をしている。低学年は純粋な気持ちでのびのびと絵を描くのに対し、学年が上がるに連れて絵を描くことに自信を失う児童が少なくない。そこで大学の時に知ったメデュウム版画という、まだあまり知られていないを子ども向けにやってみることにした。大きなプレス機や彫刻刀といった物は必要なく、手軽にできる版画だ。版には直接ボールペン絵を描く。しかしメデュウムというクッションを一つ置くことで、描いた線と色が程よく偶然に任されて、味のある版画ができる。コロコロとローラーで転がしたり、ペタペタとくっついた版をかさぶたをはがすときのようなドキドキワクワク感も楽しい。子どもだけではなく、「絵のことはよくわかない」「絵心がない」とか言う大人にも新しい発見とワクワク感をもたらしてくれる。小さいころ、誰しもが絵を描いたり図工で楽しく物作りをしたことを少しでも思い出してほしい。今回はメデュウム版画を通して、前期のことにチャレンジした。また、私自身小さい頃から絵を描くこと・作ることを通して、言葉や文化の壁を破り、他者とのコミュニケーションを実現してきたことから、子どもから大人まで多くの人が制作を通してお互いを知ったり、新しい自分を発見できれば良いと願っている。そのためにこれからも自身の制作、学校現場での図画工作、ワークショップを充実させていきたい。

060

犬介護先生

寺井聖恵

一九七一年 東京生まれ。
二〇一一年一一月一一日 老犬介護ドッグヘルパーOne by Oneを設立
犬の訪問介護専門サービスを始める。
二〇一三年 犬の寝たきりをなくしたい想いから「愛犬のアンチエイジングエクササイズ」サービスをスタート。
現在、犬の訪問介護や介護カウンセリング、老化予防のエクササイズなどを行なっている。老犬介護、エクササイズなどのセミナー活動も積極的に行なっている。

「犬の介護士って何？」「どんな職業ですか？」と、まずびっくりされるのが私の仕事です。

現在の日本で暮らす犬と猫の数・・・。実は、日本全国の児童数（一五才以下）よりもずっと多いのです。ペットと暮らす人が多くなり、室内飼育も増えました。室内でいっしょに暮らすことにより、家族の一員となり強い絆で結ばれるようになってきた人とペット。でも、ペットにも高齢化の波が・・・。

病気や加齢で自分で動くことが難しくなった犬のお世話をする「犬の介護」。まだまだ知られていませんが、今後とても必要とされている仕事です。

私はシニアわんこが大好きです。人と十数年いっしょに暮らして来たわんこたちには、温かくてのどかな雰囲気があります。何とも言えない愛しいオーラが出ています。年を重ねても健やかに快適に。それは人だけではなくペットも同じです。

10月1日〔水〕

061

カジノ先生

プロギャンブラーのぶき

一九七一年東京都生まれ。

［カジノ歴］

一五年間各カジノで勝ち続けたお金で世界八二ヶ国を旅する。

二〇一二年、毎週、各方面からトーク依頼を頂き、カジノを初め様々なテーマで語る人気講演家。

二〇一四年、カジノに勝つ視点から処女作「勝率九割の選択」を出版。

他に五社から出版の打診いただく。

10月3日【金】

二五才のとき、仕事について真剣に考え「休みたくない仕事で起業」という結論に達する。その選択肢として決めた「世界を勝負で勝って旅してく」。死力を尽くし実現させて、一五年間も旅し続けた。震災のボランティアをきっかけに一時帰国。トーク依頼や仕事の依頼を頂くようになり、渡航を延期中。カジノは待っていてくれるから。

いつもの講演会だと嬉しいことに人数が多い反面、個々の要望にお応えできない。勝負師として、講演家として、参加者さんの満足度を上げられるかという勝負。一〇人未満だったので、参加者さんの聞きたい内容や質問にお答えしていくスタンスで開催させて頂いた。話した内容は【世界のカジノについて】【プロギャンブラーという生き様】など。1時間の講義を終えたら、1階のカフェでそのまま懇親会。結局みなさんが残ってくださり、カフェの閉店まで話し続けさせて頂く。そちらでは、出版やトーク依頼の人気テーマ【人生の勝ち方】についても話させて頂いた。一〇〇人先生参加の常連さんで、年輩の方が感動してくださったことに、僕自身が感動。こういうステキな常連さんの居る「一〇〇人先生」は幸せな日々だったと想う。

062

ふんどし先生

島本脩二

一九四六年新潟県生まれ。編集者。人間ドックの一日を除いてふんどし生活に入る。三年後には三六五日完全ふんどし暮らしとなる。書籍編集業の傍ら、ときどき夜なべで手ぬぐいに布テープを縫い付けて、越中ふんどしを作成し、息子や友人たちに贈りながら、ふんどしの振興普及に尽力する。所有数十二枚。

[ふんどし歴]
二〇〇一年和装に目覚めると同時に、

街宣車から「日本の伝統を守れ!」と大音量で叫んでいる人たちも、きっとトランクスとかブリーフとかボクサーパンツをはいているのだろうな、と思う。伝統は語ることではなく、行なうものである。下着については、もうはっきりしている。ふんどしである。日常使いは、越中ふんどし! 旧帝国軍隊では官給品だったから、戦前のほとんどの男はこれを着用していた。さかのぼって戦国時代は布が貴重で、上位のものしかふんどしを着けられなかった。討った敵の首を掻く前に、下をまくって身分を確認したらしい。素材は麻。江戸に入ると木綿になり、富裕層は縮緬なども使った。奢侈禁止令でも、見つからない。一九二五年にアメリカのボクシング用品メーカーが開発したトランクスやブリーフ(一九三五年アメリカ)が、敗戦後の日本男子をKOし、ふんどしは絶滅危惧種に近い。外来種にはない「ふんどしの利点」をあげておく。ゴムで身体を締め付けない。装着感がない。乾きが早い。畳むと四角くなり、収納しやすい。メガネがふける。三角巾になる。止血ができる。市販もされているが(三五〇円~)、買う必要はない。ほんの一〇分もあれば自作できる。テープの端もほつれないように縫っておきたい。

10月6日[月]

063

日韓国際結婚先生

10月7日【火】

趙 美良

一九七九年韓国ソウル生まれ。二〇〇八年日本人と結婚し、日本へ。二〇一二年「わが家の闘争－韓国人ミリャンの嫁入り」発表。二〇一五年現在、翻訳の仕事をしている。

日韓国際結婚先生を勤めさせていただきました。依頼を受けた当初はどんな話をすればいいかものすごく迷ったり、授業の当日は緊張したりして「私本当にうまく授業ができるかな」と心配になりました。しかし、参加してくださった皆さんの優しさでアットホームのような雰囲気で無事に授業を終わらせることができました。授業参加者の中には、本当の日韓カップルがいらっしゃり、自分たちの経験も語ってくれました。

授業を通して私が感じたものは、国際結婚にせよ、同じ国籍を持つ者同士にせよ、結婚は「素直な気持ち」がないと成り立たないということでした。カップルは、お互い長年違う環境で育った者同士が一緒になること、だから素直な気持ちでお互いを理解しようとすることが大事！日韓同士は普通のカップルより環境の差が激しいため、もっと素直になるべき！と思いました。

この場を借りて、授業に参加した方々にお礼をしたいです。本当にありがとうございました。

064

羊バー先生

オラシオン

一九六二年、東京中野区生まれ、宮城県育ち。

二〇一一年、東日本大震災後、横浜の地で東北のお酒を飲んで東北の蔵を応援しようという目的で始める。その後、全日本羊同盟員であるオラシオンが働く女子を応援するという目的で羊バーに発展していく。

高校、大学と体育会ラグビー部でアートとは全く無縁の学生時代を過ごす。

某酒造メーカーに入社しサラリーマン生活を送る。転機はルネ・ラリックの香水瓶の展覧会を見て感動し、物作りへの衝動に駆られる。

しかし経験もなく、知識もなく具体的な方策を見つけ出せずにサラリーマン生活を送る。

情報収集している最中にサンドブラスト技法に遭遇しこのやり方なら自分でもできると思いこんでしまう。

機械を購入し独学でサンドブラストアートの修行に励む。毎日空き瓶を拾ってきてはその空き瓶に彫刻を繰り返す毎日。これなら売れるという自信がついてきたところでアートガラス工房オラシオンとい工房名でブラストアート販売を開始。

また捨てられるしまう空き瓶を加工することで再生をテーマに空き瓶アート造りにも取り組んでいる。

10月8日【水】

活動拠点が横浜なので野毛にてはる美オーナーらと知り合う。

アートガラスの制作に励むかたわら、羊バーのマスターとして働く女子を癒し、ついでにおじさんも癒す活動を週一回のペースで行っている。

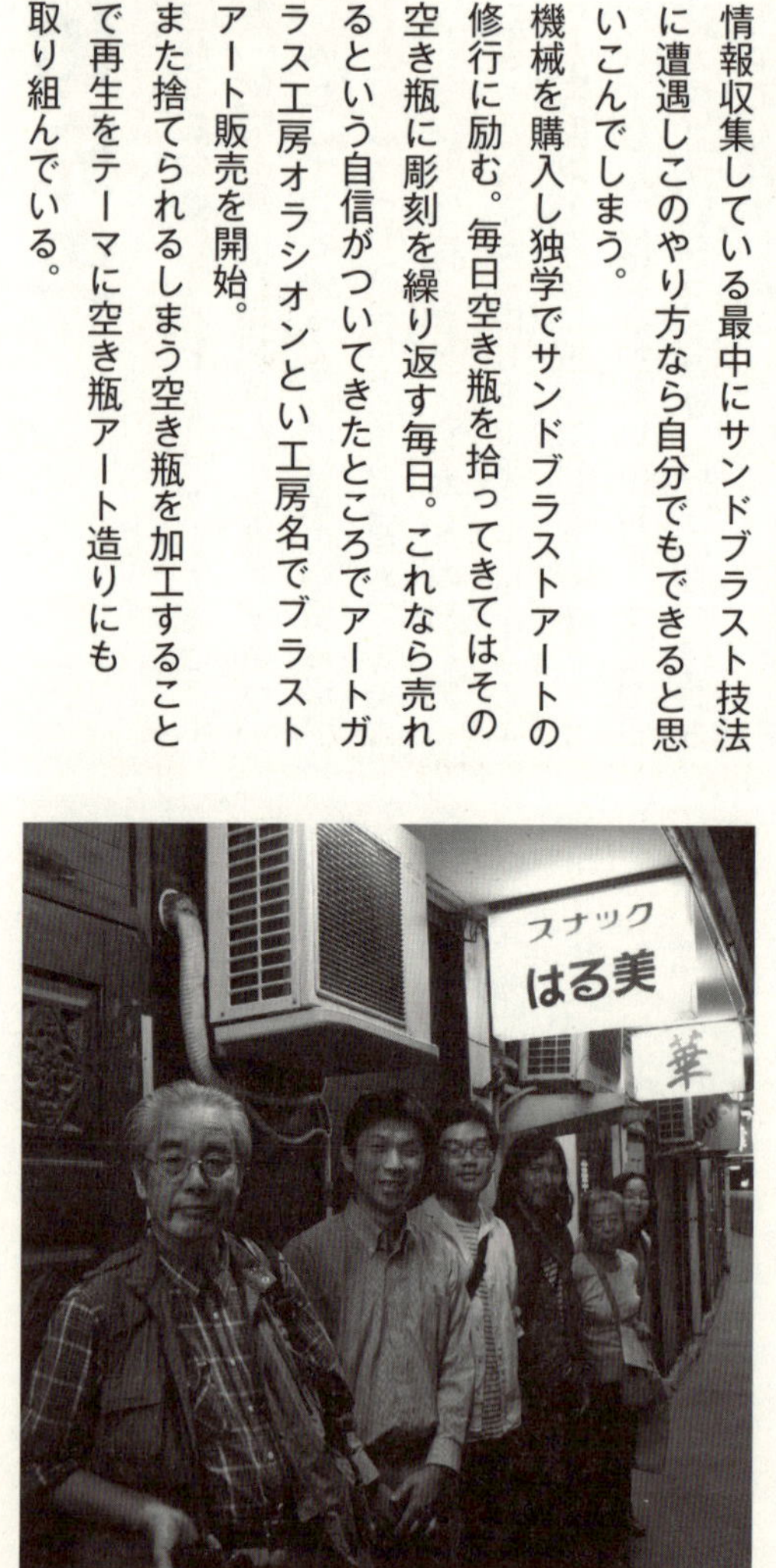

080-8020-1203
AGRI
幻

065

エレキ先生

梅原昭子

一九七六年埼玉県生まれ。
［エレキ歴］
二〇一一年3・11を機にエネルギーシフトの市民運動「あざみ野ぶんぶんプロジェクト」に参加。映画上映会、勉強会を続ける。二〇一二年マイソーラーシステムを手づくり。独立型ソーラーシステムをつくるワークショップを開催し、地域にエレキ女子たちが誕生。そもそも電気ってなんなのか？が気になり、二〇一三年電気発見史をたどる「琥珀の子〜電気のおはなし〜」をWebメディア「森ノオト」で連載しはじめ、エレキ女史と呼ばれるようになる。

もともとは電化製品や通信機器がものすごいスピードで発達していくのがとても恐ろしいと思うタイプ。四〇歳までは修行の身と、隠居を気取って手描きイラストや切り絵で作品をつくる仕事をしているが、電気という見えないモノに興味がわき、歴史を調べているうちに電気とともに脳内で世界散歩できる愉しみをみつけてしまう。3・11以降に盛り上がった原発賛成！反対！といった2項対立ではなく、もっと真面目に面白く親しみをもってエネルギーと向き合えば、ただただ無駄に消費され垂れ流されていた分が暮らしに還ってきて豊かに暮らせることを広めたい。二〇一四年九月には地域の仲間7人で「非営利型株式会社たまプラーザぶんぶん電力」を設立。節電、省エネのコンセルジュ事業と発電事業の両輪で二〇五〇年までに再生可能エネルギー一〇〇%のまちをつくるのが目標。素人の集まりではあるが、多くの人を巻き込んで横浜を代表する市民電力会社になれるよう匍匐前進するような日々。自分自身の暮らしは非電化に向いており、非電化のホテルとか、美術館をつくりたいと密かに妄想中。

10月10日【金】

066

指英語先生

10月11日(土)

滝沢マーサ雅子

一九五五年五月二一日生まれ。「日本人の為の英語教授法」修了(南カリフォルニア大学にて)。日米クロスカルチャーセンター勤務(米国ロサンゼルス)。一九九一年よりTie英語学院 主宰、現在に至る。

「ハートが伝わる英会話」と「小学生にもわかりやすい英語」を教えたいと、二四年前に英語教室をスタートしました。

「ゆび英語」は教え始めて約一〇年後に、まるで宇宙の法則が解ったかのごとく、ストンと指に降りて来たのです。以後、小学生はもとより、東大の大学院生にも指を使ってこの極意を伝えています。又、「井戸端会議を英語で」のスローガンの下、ご年配の先輩ママ達も英会話を楽しんでいらっしゃいます。

「ゆび英語」とは一言で言うと、英語の語順を指に当てはめて、英作文が簡単に出来る方法です。

例えば…… 左手の内側を見て下さい。日本語は 小指から人差し指に向かって、「いつ」→「どこで」→「何を」→「した(動詞)」です。自分の事を言うときは特に「誰が」は言いません。

一方 英語は、発想が真逆で親指から「誰が」→「動詞」→「何を」→「どこで」→「いつ」です。

このように、指が英作文をナビゲートしてくれます。そして、a や the 等の細かい部分は間違っていたり、抜けていた方がチャーミングなんです。そのような「間違い」は、人の心を緩め笑顔をもたらします。それはむしろ、コミュニケーションを円滑にするスキルだと思います。さぁ今日から自信を持って(間違って)英語を話して下さい。

067

石先生

美濃枝里香

一九八五年埼玉県生まれ。二〇〇九年鉱物や化石を扱う会社に勤務。常時数百種類を扱う店舗で鉱物や化石の販売と、天然石アクセサリーの製作を行う為、独学で石について学ぶ。現在は石をテーマにテキスタイルを中心とした作品を制作。

10月11日［土］

幼い頃から光る物や石が好きで、よく拾ってはポケットに入れて歩いていました。独学で調べ始めて一番最初に手に取った本が水晶の本。水晶とは二酸化珪素が目に見える形で結晶化した鉱物で、瑪瑙やオパールも同じ二酸化珪素で出来ていることを知ったのが最初の驚き。調べれば調べる程に奥が深く、鉱物の魅力に引き寄せられていきました。一つの石を見れば、そこで何が起こりどのように旅をしてきたのか、土地の歴史を感じる事ができます。そして、石を知ることは宇宙を知り、地球そのものを知り、生命を知る事に繋がります。この手の中にある石と私は同じものなんだと気がつき、周りにある物の全てが循環している事を実感し、その循環の中で命を持っている事に喜びを感じました。

今回このような機会をいただいて、色々な石を見て触れながら、石を身近に感じ、その不思議や存在の面白さを感じていただければと思い話をさせていただきました。石は出逢いです。ふと見下ろした足元に小石を見つけた時、その小石は数億年を生きてきた歴史を語りかけてくるかもしれません。

068 モンシロ嬢先生

10月12日［日］

minori
高沢ペイ

minori　高知県生まれ
高沢ペイ　一九七八年横浜生まれの神戸育ち。二〇一一年七月、minoriと高沢ペイがSNSを通して知り合い、『紫陽花』を制作。二〇一三年一一月銀座にある画廊Quolia Junctionにてminoriが個展を開催。写真作品も展示する。
二〇一四年六月、minoriが青山スパイラルで行われた「標渺-巧術其之伍/HYOH-BYOH KOH-JUTSU chapter 5」にmetabolismを出展
二〇一四年一〇月、ホノルル美術館にminoriの衣装が収蔵される。

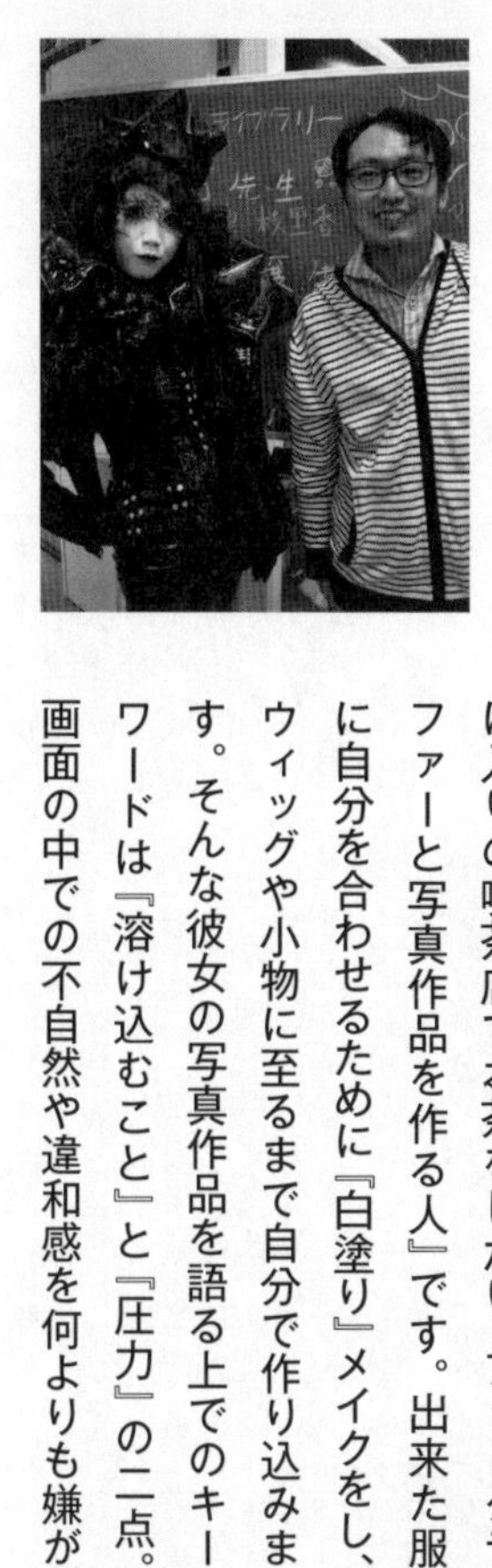

フェイスブックでの「いいね！」が五万近くあるminori、そのファンの多くは海外にいます。彼女がメディア等で取り上げられる時に必ずフォーカスされるポイントが『白塗り』。テレビ番組によっては「白のカリスマ」と紹介されます。確かに『白塗り』はminoriを語る上で重要なポイントですが、それは彼女の表現のメインではありません。minoriのアーティストとしての特徴を簡単な言葉にすると『言葉や概念や気持ちを素直に絵やカタチに出来る人で、何故か服というカタチを好む人』、『そして、出来た服を着て街に出てお気に入りの喫茶店でお茶をしたり、フォトグラファーと写真作品を作る人』です。出来た服に自分を合わせるために『白塗り』メイクをし、ウィッグや小物に至るまで自分で作り込みます。そんな彼女の写真作品を語る上でのキーワードは『溶け込むこと』と『圧力』の二点。画面の中での不自然や違和感を何よりも嫌がるminoriは撮影時はいつも背景と調和しようとし、どんどんイメージに溶け込んで行きます。しかし、彼女が溶け込む事でそのイメージに新しい力が宿っていきます。そのようにして、minoriの写真作品は生まれるのです。

069

ストリートアート先生

10月13日［月］

黒田衣麻

一九八〇年東京都生まれ。
二〇〇七年に、ロサンゼルスで働いていたヴィンテージ服屋の外壁にあったバンクシーのグラフィティと出会い、恋に落ちる。それ以来、LA中を運転して、バンクシーの他の作品や他のストリートアート作品を撮影し始める。その後ニューヨーク、サンフランシスコ、そしてヨーロッパ各地などでも同様に、ストリートアート作品を撮影し続ける。LAのアートショーなどで写真作品を展示する機会を持ったり、ストリートアート関連のアートショーやイベントに積極的に参加したりする。個人的にグラフィティアーティストと知り合う機会もあり、彼らの活動の現場にも訪れ、記録をし始める。

2004年に東京で大学を卒業後すぐ、ロサンゼルスへと移住する。エンターテイメント通信社で、ハリウッドの映画プレミア、アワード賞、コンサート、パーティーなどの写真を撮る仕事を始め、ジャーナリスティックな視点を養う機会を持つ。

バンクシーの作品と出会ってから、路上で目にするストリートアート作品／落書きにばかり目が行く様になり、その魅力に圧倒され、写真に残し始める。美術館やギャラリーとは異なり、作品からのメッセージ、時にはプロパガンダ、そしてその存在感が、無差別に不特定多数に発信されているということが非常に新鮮だった。さらに次の瞬間には消されてしまうかもしれない、という一期一会の儚さと危険性にも魅了された。日常の中に、ある意味では強引に存在していることで、賛否両論からは免れられないが、少なくとも多くの人々に影響を与え、何かを感じる／考えるきっかけを与えていると思う。鑑賞者としてしばらく撮影をし続けた後、アーティストらと実際に出会う機会もあり、彼らの視点と鑑賞する側の視点の両方から、ストリートアートに関して追求し始める。毎日の様に新たなストリートアートを目にできるLAで、または訪れた新しい街で、きょろきょろしながら今日も撮影している。

070

アロマ先生

和田文緒

一九六九年生まれ。東京農業大学大学院農学研究科修了。英国IFA認定アロマセラピスト・AEAJ認定アロマテラピーインストラクター。在宅医療での訪問施術、医療機関、トリートメントルームでの施術のかたわらAcademy of holistic studies講師、慶應義塾大学非常勤講師、アロマワークショップ、音楽家やアーティストとの実験的コラボレーションなどアロマテラピーを活かした活動を幅広く行っている。著書に『アロマテラピーの教科書』（新星出版社）、『食品香粧品学への正体』（共著：三共出版）、『ハーブの教科書』（共著：草土出版）等がある。

花や動物が好きで高校は生物部、大学は農学部に進学し、在学中にアロマテラピー（芳香療法）と出会いました。アロマセラピストとしてサロンや病院で施術する日々の中で身近な家庭という場でもアロマテラピーを用いて暮らしをより豊かにしたり、不調の緩和や健康増進に役立てることができるのではと考え、アロマテラピーのワークショップを始めました。アロマ先生もその活動の一環でした。参加して下さった方々は今の気分や体調、どんな風になりたいかなどいろいろ考えながら何種類もの植物精油を嗅ぎ、好みの香りを見つけます。実はその過程ですでに香りは心身に作用しているので何らかの体感の違いを感じる方も。その夜は好みの精油と天然塩で作成したバスソルトをお風呂で楽しんでいただきました。簡単で長く続けられるアロマテラピーの方法を多くの方に広めていけたらと思います。

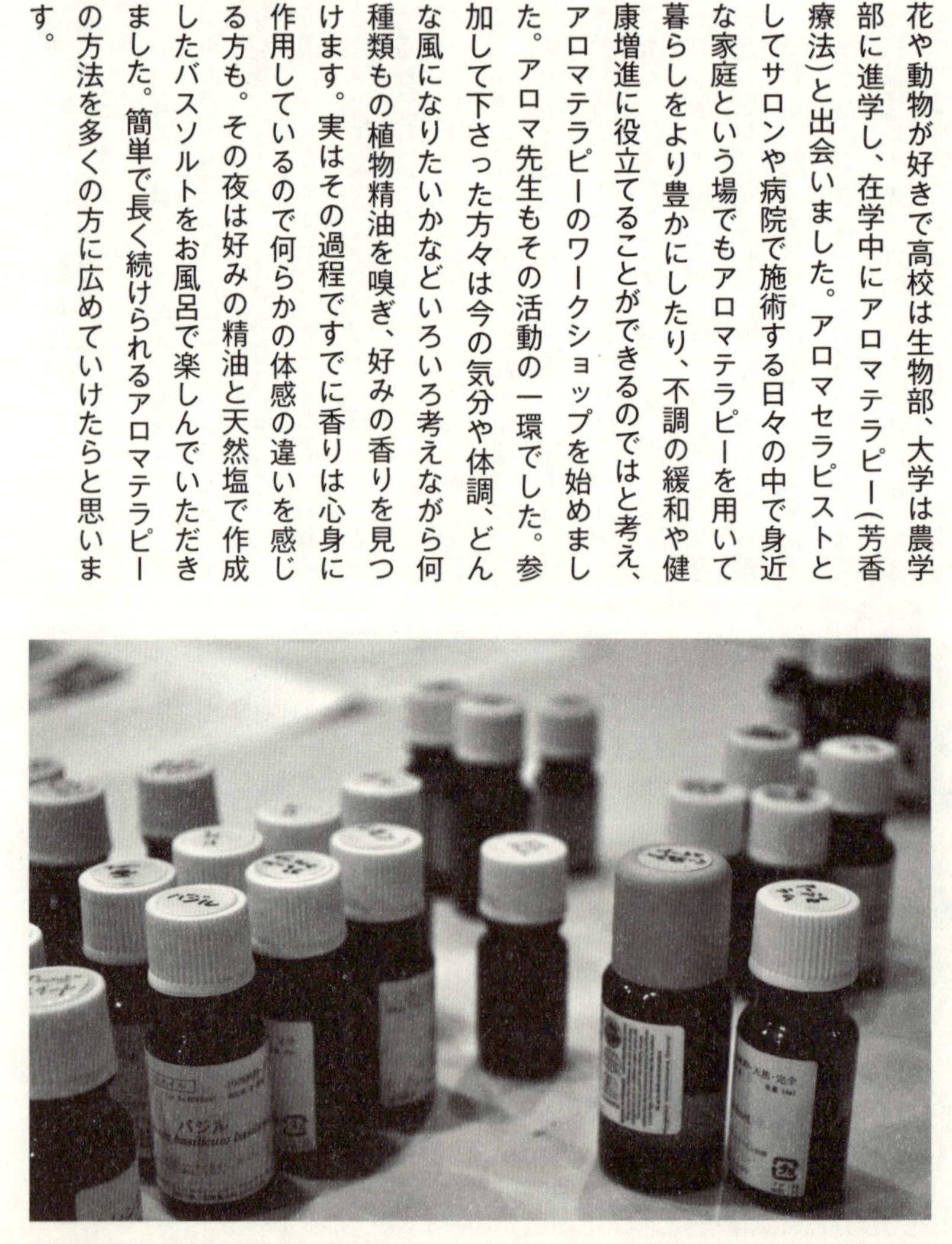

10月14日［火］

071

セルフビルド先生

仲田 智

一九六二年九月二七日茨城県生まれ。一九九二年相模原にてアトリエとして借りていた倉庫に風呂をつくる。一九九九年茨城の里山にプレハブ倉庫を建て移住。そこからセルフビルドの歴史がはじまる。台所小屋、トイレ小屋など、必要なものをそのつど作り始める。二〇一一年薪風呂をつくる。現在も増殖中。

セルフビルドといっても私の場合は自分でできることは自分でやり、できないところはプロに任せる、ハーフビルド的な感じです。作品をつくる道具と家をつくる道具が、ほぼ同じだったこともあり自然と家作りが始まりました。もちろんお金がなかったこと、手をうごかして作ることが好きだったということも大きな理由です。ひとりでつくっていると大変なこともたくさんあるのですが、それ以上に完成したときの達成感とか喜びがすごいのです。限られた予算の中で自分のこだわりをギリギリまで追求する，こんなたのしいことはありません。うまくいってもいかなくても自分で作ったものはかわいいのです。台所小屋、外作業場、埋め立て式トイレ小屋、薪風呂、テーブルやいすや本棚などの小物も毎年少しずつつくっています。

今は2つ目の台所を制作中です。家作りに終わりはありません。家作りは究極の大人の遊びだと思います。家の紹介記事（アルネ、コンフォルト、Pen、住む、ブルータス、自遊人など10誌、テレビ「住人十色」）

10月15日【水】

072

はみがき粉先生

10月17日【金】

小山内ヤスエ

一九六八年北海道生まれ。

心理療法のひとつ、ヒプノセラピーを学び、セッションを行うほど、心と身体はつながっていることを実感。ボディーセラピーや、アロマセラピーを学ぶうちに、毎日使う身近なものを、簡単に手作りできることを知る。

雑談で歯磨き粉の話題が出たとき、「簡単に作れますよ～」の一言をきっかけに、一〇〇人先生のひとりになる。


自分自身、日常使うものを、ものすごく簡単に作れることを知りませんでした。

なのでそれを知った時の驚き！

そして、市販の歯磨き粉と手作りのものを並べて置いた時に、自然に手が伸びるのは、手作りで無添加のものというのを自分の体で実感したときに、身体は良いものを知っているのだと実感しました。

手間がかかるものだと続きにくいですが、あまりに簡単にできるので、たくさんの人に知ってほしいと、ご縁のある方にお伝えしています。歯磨き粉はすぐに出来るので、当日はお風呂に入れるバスボムも作りました。

バスボムも、100均で入手できるものだけで、簡単に出来ます。基本的に、口に入れて大丈夫なもので出来るので、お子さんにも安心です。さらにシュワシュワを楽しんだあとは、ついでにお風呂掃除もできちゃう優れもの！

当日は、歯磨き粉よりもバスボム作りの方が、楽しんでいただけたかも知れません。

どちらも簡単・手軽・楽しいで日常に取り入れていただけたら、嬉しいです！

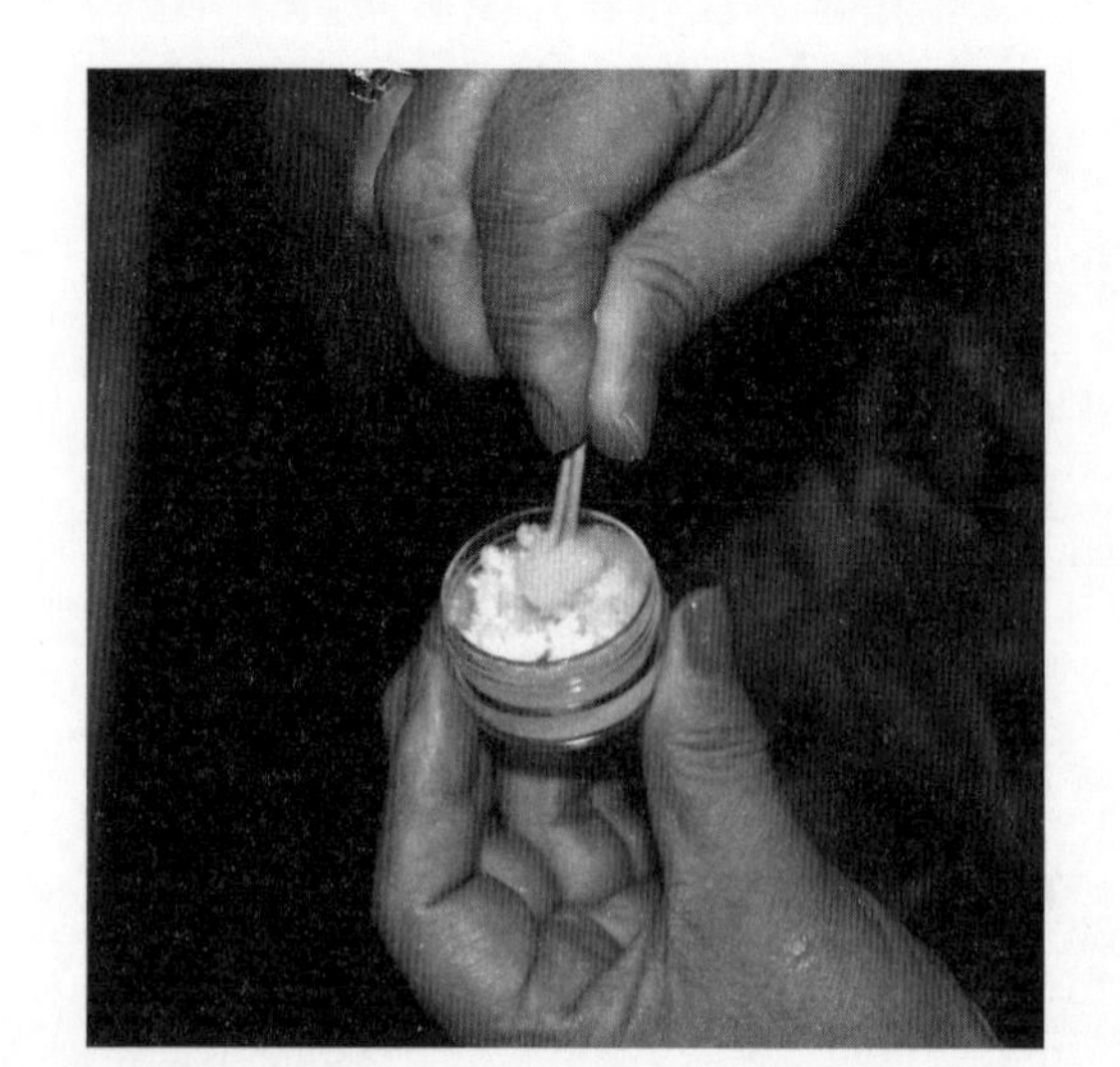

073

韓国舞踊先生

金 宣伸

二月一五日生まれ。学生ミュージカルを経験後、肉体への関心から、フルコンタクト空手の道場に入門。初段取得後に、再びダンスの世界へ。海老原美代子の元、ベリーダンスを学ぶ。ベリーダンサーとしてショーや舞踊団公演で経験を積む傍、蔵重優姫に師事し、自らのルーツでもある韓国の伝統舞踊を学ぶ。現在は、民族舞踊・伝統舞踊に拘らず、多数の音楽家と共演し研鑽を積む他、演劇・朗読・創作能・コンテンポラリーダンス・映像作品などにも出演。

私は、東京生まれ東京育ちの在日韓国人3世です。ですが、一般の日本人と同じく日本の学校に通っていたこともあり、子供のころは特に韓国の伝統文化に関わりを持つ機会はありませんでした。そんな私が、韓国伝統舞踊に辿り着いたのは、他国の文化や舞踊に興味を持って学ぶ中で、自らのルーツに自然と興味が湧いてきたためです。それぞれの国や地域には、その土地に合った気候風土があり作物が実ります。それと同じように、人間もまた、その土地土地に根差した身体や精神を持つのではないでしょうか?その身体や精神に似合う民族衣装があり、民族芸能がある。舞踊もまた、その一部であると感じたのです。

韓国と日本は、お隣同士。同じ東アジアの民族同士、似ているところがたくさんあります。けれど、気候風土はかなり違います。そこから生まれた芸能にも、自然と違いが生まれるのでしょう。韓国舞踊も、日本の方から見ると、かなり日本舞踊とは違う印象を受けるのではないでしょうか?

お隣同士だからこそ、際立って見える違い。けれど、もっと広い視点から見ると、やはり同じ東アジアの香りがします。違いを楽しみながら、互いの良さも理解しあえる。そんなきっかけになればと思い、韓国舞踊の先生を務めさせていただきました。ありがとうございました。

10月18日［土］

074

子供反抗期用おもちゃ先生

佐藤蕗ふき

一九八二年愛知県生まれ。

［おもちゃ制作歴］

二〇一三年、ひとり息子の幼児反抗期（イヤイヤ期）のスタートと共に、対策おもちゃの制作を開始。インターネットでイヤイヤ期の子どもに困っている保護者達の間で評判となる。

二〇一四年SNSにて『おふろパンダ』が拡散し、たくさんの家庭でお風呂嫌いの子どもにおふろパンダが使用される。二〇一四年秋　0～3歳児を持つ親向けの、手作りおもちゃの本を出版。

美術大学にて建築を学び、設計デザイン関係の仕事をしてきました。毎日の生活の中でものづくりをするのが当たり前だったので、出産を機に、自然とおもちゃ作りを開始。本当に毎日の育児の中で子どもを観察しながら、実用するためのものを作ってきたので、育児中の保護者の方からの評判がとても良く、特に2歳前後のイヤイヤ期に作った『問題対策系おもちゃ』は絶大な人気を誇っています。おもちゃを作り、発表しはじめた当初はこんなに反響があるとは思ってもみませんでしたが、私のアイデアで、会ったこともない子どもが笑ってくれているかと思うと、これ以上ない幸せだと感じます。

10月18日［土］

075

就職しない先生

川内イオ

二三歳で広告代理店、三三歳で出版社に就職するも最初は九ヵ月、2回目は一年三ヵ月で退職。就職期間以外はフリーで活動。

会社員とフリーどちらの酸いも甘いも経験したエディター兼ライターが語る「就職しないで生きる方法」。自分が本当にしたいこと、川内さんが独立した当時それはワールドサッカーを現地で見たいという事だった。しかし退職した後の生活はどうなる。

そこで彼はフリーライターの名刺を作る。もちろんまったく経験した事のない世界だ。それでも肩書きを得てしまえば後は行動あるのみ。彼は営業をかけライターとしての仕事を得る。ワールドサッカーを観戦しながら海外での見聞きした事を書く事で収入となった。多くの人が真似できない生き方だろうと思うが、仕事に自分を合わせて行くのではなく自分の行き方に仕事(生きる術)を合わせて行くとう生き方もあるのだとう事を教えて頂けたと思う。(開発好明)

10月19日[日]

076

不法占拠先生

土屋洋介

二〇〇一年～二〇一一年までパリのスクワット59リヴォリにて創作活動を続け現在もパリ、東京を拠点として空間プロデュース、ライブペイント、絵画、インスタレーション、俳優として精力的に活動する。

不法占拠（スクワット）、不法占拠者（スクワッター）。不法と聞くとどうしてもネガティブなイメージが先行してしまうのではないだろうか？しかしフランスにおいては法律なんてものよりも重いものが存在するのである。それが人権である。元々、国営銀行のオフィスであったそのビルは一〇年以上も誰も使っていない廃墟であった。国民の血税を無駄に垂れ流す習慣はどこの国でもあるのだろうがアーティストは黙っちゃいない。ここぞとばかりに不法占拠し行政やパリジャンたちに訴えかけたのだ。「芸術の都パリは外資や資本化が進み金のないアーティストの居場所がなくなっている！ 税金の無駄使いをするならアーティストに活動の場としてここを提供しろ！」瞬く間に署名は集まりパリ市がそこを買い取ることになった。不法から合法になったのである。

10月19日［日］

100人先生について

村田 真（美術ジャーナリスト/BankARTスクール校長）

たしかフランスだったと思いますが、ある田舎の学校では生徒全員にいずれかの科目で「優」を与えていたそうです。もちろん勉強ができる子はいくつも優をもらえますが、勉強ができなくても体育で優とか、運動も苦手な子は図画工作で優とか、なにかしら長所を見出そうとしていました。ところが、ある貧しい家庭の女の子は体が弱く、引っ込み思案で学校もよく休み、勉強も遅れがちでした。でもその子には「やさしさ」という項目をもうけて優が与えられたそうです。

という話をなにかで読んだのは、もう40年も前のこと。まことにささやかなエピソードですが、大きな共感を覚えたのでいまだ脳裏にこびりついています。とはいえほんの少し違和感を感じたのも事実で、だから消化しきれずに引っかかっていたのかもしれません。

「100人先生」も、人間はだれでも、なにかしら優れた能力を備えているので、それを他者と分かち合おうというふうに解釈できます。ヨーゼフ・ボイスをもじれば「人間はだれでも先生である」、アンディ・ウォーホルをもじれば「だれでも15分間は先生になれるだろう」ということです。

100人集まれば100とおりの能力が発現されるはず。それを全員が共有すれば100×100＝10,000、さらに生徒の数を積算すれば厖大な量になり、そのネットワークから無限の可能性が生まれてくるでしょう。いいことづくめですね。でも本当にそうでしょうか。たしかに震災避難者支援先生、セルフビルド先生、石巻こども新聞先生が集まれば「文殊の知恵」効果が期待できます。だけど美術館建築先生、不法占拠先生、古代火起し先生が結託したら、マズイことになりかねません。おっぱい先生、ふんどし先生、くんくん先生の３人が集まったらどうなるでしょう。100人先生の厖大なネットワークが暴走して制御不能になる事態だってありうるのです。もちろん本気で心配はしていませんが、いいことづくめとは思いません。ほんの少し違和感を感じるのです。この違和感を内包していることが案外重要なのかもしれませんね。

077 ミッション先生

10月19日[日]

藤巻静代

一九三八年一月五日生まれ。
一九六一年～一九八七年
神奈川県・東京都の公立小学校教諭
一九八七年～現在松蔭大学コミュニケーション文化学部教授
一九八八年～現在
松蔭大学「基礎ゼミI,II」、「現代家族論」の講義にミッションを取り入れている。
二〇〇四年
「大磯・ミッション先生の相談室」

この世に生まれてきた使命を「ミッション」と名付けました。自分のミッションに気づき、日々「自分らしく正々堂々」と過ごせますように、また家族や社会そして地球が美しく、穏やかでありますように願っています。

ミッションのネーミングについて

超エリート赤ちゃん

母親から「超エリート赤ちゃん」として、選ばれて生まれてきた。

ミッションの誕生

私のお腹の中に、やわらかいベージュがかったピンクの大きな袋があった。次の瞬間、その袋は宇宙に浮かんでいた。

幸せなミッション探し自分の魂とのやりとりで、感じたり、聞こえてきた言葉を4つにまとめた。あなたはどんなミッションをもって生まれてきたのか？ あなたはどんなミッションを果たしたいのか？ そのミッションにはどうしたら気づくのか？ ミッションを授かったら日々どう進化するのか？

当日は「そのミッションには どうしたら気づくのか」にしぼった。

ミッションに気づくヒント

自分を知る：自分は何をしたがっているのか、魂と会話をしてみよう。

ストッピング（Stopping）：一時停止して、自分で自分の背中を押そう。

人生のモデル：すぐ会いにいこう。

ぶれないで自分を力づけたものは何かを知る。

ミッション探しの留意点

個性：きらきらしている自分を探し、自分のスタイルを確立する。

継続：丁度いい加減の精進は、自分にしかわからない。

価値：二本の「喜び柱」を心に立ち上げ、時代を越えて進化していく。

評価は未来に託す。

078

短歌先生

野口あや子

一九八七年 岐阜生まれ。第四九回短歌研究新人賞にて「カシスドロップ」で寺山修司の若さに次ぐ一九歳で受賞。第一歌集「くびすじの欠片」で現代歌人協会賞を受賞。第二歌集「夏にふれる」（共に短歌研究社）二〇一四年、詩人の三角みづ紀と「気管支たち」、俳句の佐藤文香と「S極N極」というコラボレーション小冊子を発行。二〇一三年秋から本格的に短歌朗読に挑戦。歌人ユニット、詩人、ダンスと映像との共演など、即興を含めた短歌朗読を行っている。短歌固有の魅力を大切にしながら、他ジャンルの表現者との交流を積極的に行っている。

短歌を始めたのは、中学生の思春期の多感な時期。思い詰めることが多かった当時、決まった文字数で感情を整頓できる短歌は心の安定剤でした。また文字数の制限はあっても何を書くかは自由で、学校の事、家族の事、恋人との事、風景、架空の体験、大学の飲み会まで何を題材にしてもまとめられることが面白かったのだと思います。

最近は朗読やコラボレーション冊子など、他ジャンルの表現者と顔を合わせて交流することも増えました。対面していると、一人一人の生身の身体の感じ方や動き方、呼吸や間合いがあることを改めて感じます。言語化しきれない身体の感じ方、イメージ、体験。そういうものを大切にしながらこれからも短歌と向き合っていきたいです。短歌先生はワークショップ形式のもののなかでも、教材として蜜柑を配布し、皆さんと蜜柑を触ったり匂いをかいだり剥いて食べたりしながら、蜜柑にまつわる場面やイメージや思い出を語り合い、それを短歌にしてもらうものにしました。実際蜜柑に触り、身体で感じながら書いてもらうことで、作者固有の体験やイメージや感じ方の癖、手触りの大切さを感じることができました。身体に引きよせて書くこと。この面白さを一緒に体験できた楽しい講座でした。

10月19日［日］

079

美術館建築先生

青野尚子

東京都生まれ
[美術館建築歴]
雑誌「エスクァイア」で「美術空間散歩」を連載。二〇一二年、連載に新規撮影分を追加した単行本「新・美術空間散歩」(シヲバラタクと共著・日東書院本社)を出版。雑誌「カーサ・ブルータス」などで美術館建築に関する記事を執筆。

10月20日[月]

もともとアートが好きで美術館にはよく行っていたのですが、雑誌で早川邦彦設計の「霧島アートの森」を見て、それまで中身だけ見ていた美術館の「箱」(建築)も面白いんでは!?ということに気づき、壁とか天井とかをねちねち見るようになりました。ちょうどその頃スペインで「ビルバオ・グッゲンハイム」が開館。この美術館は寂れた鉄鋼の町、グッゲンハイムの強力な町おこしの起爆剤になり、「ビルバオ効果」という言葉まで生まれました。実際に行ってみるとみんな建物ばっかり見ているのにまた驚き、美術館の建築を見てみよう、という思いをますます強くしたわけです。それから10年あまり、世界中で新旧の美術館建築を見てきましたが、最近思うのは建築が悪目立ちする美術館はちょっとね、ということ。そして、アートがよく見える空間は光とプロポーションがよいのだ、ということに気づきました。今、日本で一番いい美術館建築は? と聞かれたら「金沢21世紀美術館」、一番の美術館建築の名手は? と聞かれたら谷口吉生先生と答えます。アートと建築が引き立て合う空間がベストです。

080

フランスこどもアート先生

中井まこと

一九七六年神奈川県生まれ。
［フランスこどもアート歴］
二〇〇三年から一年間、アヴィニョンの子どものアトリエで研修。帰国後、保育園と幼稚園で造形活動を行う。二〇一〇年から二年間、南フランスの美術学校で日本を紹介するワークショップを実施。

学生時代に造形教室で働き、子どもとアートの世界に引き込まれました。いつもＭａｃで制作していたので、絵の具を手で触ったり、粘土をつぶしたり、紙をびりびり破いたり…子ども達と一緒に新しい世界を発見することが楽しく、今もこの活動を続けています。一方で中学生の頃からフランスに憧れ、いつか住んでみたいという夢がありました。大学卒業後、一年の滞在と、子どものアトリエで研修する機会に恵まれ、一〇〇人先生では当時の様子を紹介しました。切り紙をした時のこと、できた作品を身に纏い始め、いつの間にか撮影会に発展しました。床に寝転び、カラフルな切り紙で全身を覆ったり、紙の色や形から発想してポーズをとったり。また本棚に日本のお土産を並べ、空いた棚に人が入ってみたり。まるで満員電車のすし詰め、またはお弁当箱、彼らのイメージする日本が体現されました。みんなで考え、話し合い、表現して

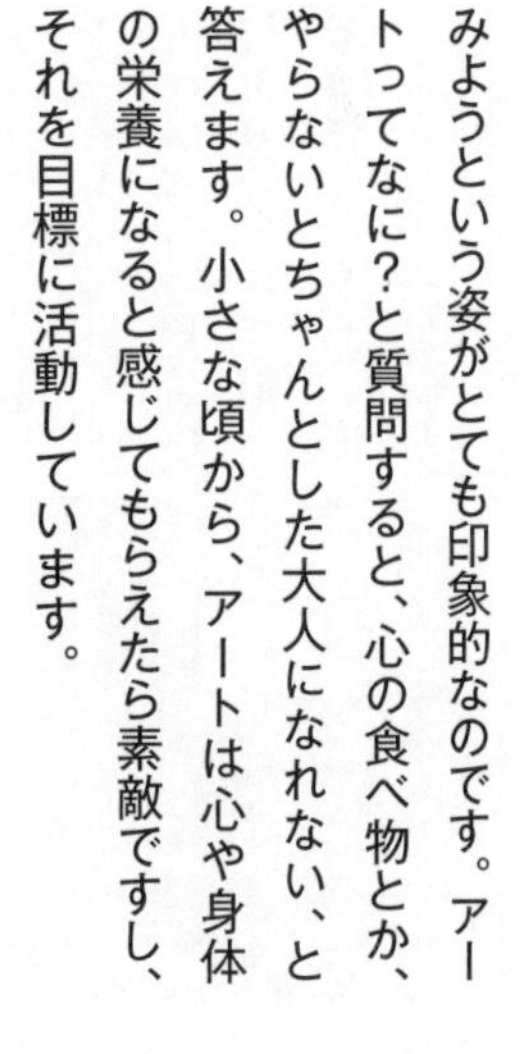

みようという姿がとても印象的なのです。アートってなに？と質問すると、心の食べ物とか、やらないとちゃんとした大人になれない、と答えます。小さな頃から、アートは心や身体の栄養になると感じてもらえたら素敵ですし、それを目標に活動しています。

10月21日［火］

081

寿先生

河本一満

横浜市職員として横浜のまちづくり行政を担う。プロボノ活動として「寿オルタナティブ・ネットワーク」を設立、総合プロデューサーを務める。当団体は横浜寿町を舞台としてアーティスト、クリエイター、プロデューサーをはじめとする多様な立場の担い手による文化的な活動により、まちを活性化させることを目的として、活動拠点や各種催しなどの場づくり、ネットワーキング活動などを行っている。

10月22日［水］

みなさんは寿町を訪れたことがありますか。寿町は日本の三大ドヤ街の一つとして、高度成長時代は一万人を超える日雇い労働者が暮らす町（寄せ場と呼ばれる）として栄え、日本経済を底辺から支えてきました。しかしながら、近年は日雇い仕事の減少にともない、ここ二〇年くらい前からは急激に町が変容してきました。今では高齢者や生活保護受給者の方々が八割ちかく住む「福祉のまち」へと姿を変えています。住人の殆どは単身男性で家族や社会とのながりが乏しく孤立して生活し、寿町が終の棲家となっている方が多いと言われています。住まいは、共同の炊飯場・洗面所に3畳一間の部屋で暮らしています。

日本は、二〇三〇年には三人に一人が六五歳以上となる超高齢社会を向かえると言われていますが、寿町には日本社会の課題を先取りした姿があります。この町は、誰でもが暮らすことができ、炊出しなど様々な支援活動も展開されている、まさに多様性を受け入れる温かい町なのです。今日、人々が貧困など様々な理由で、社会との関わりが持ちにくい、あるいは地域社会との関わりが持てない状態にあるときに、この状態を改善し社会の一員として活動できるようにする「社会包摂的アプローチ」が注目されています。まさに寿町のプロジェクトでは、芸術文化の創造的な作用を活かし、誰もが社会の一員として社会的に包摂され、生きがいを持って生活することのできる状態に返すソーシャル・インクルージョンを試みています。ここで何ができるか。暮らしている人と一緒に何かできないか。手探りで活動を続けています。

082

ψプサイの生徒先生

10月24日【金】

黒田典子

一九四八年群馬県生まれ。

［ψプサイ歴］

一九七二年、美学校の赤瀬川原平／松澤宥（ψ）教室にて、「最終美術思考」を学ぶ。約二五年後、松澤氏に再会、二〇〇八年に逝去されるまで、その作品に触れ、パフォーマンスを映像に記録する。二〇一四年、映像作品「ψプサイ」を制作。「一〇〇人先生」で上映。

私は、学生時代は映画研究会に属し、8ミリ撮影などしていたが、カメラになじむことができず、止めてしまった。一九六〇年代後半の前衛芸術や学生運動の影響を受けながら消化できず、モラトリアムの美学校だった。以後インドへの旅が一〇年以上続き、社会との折り合いがつかないまま、世紀末を迎える頃、青春時代の原点に返る機会が訪れた。ビデオカメラを手に、「21世紀アヴァンギャルド」を制作、「ψプサイ」は、二作目になる。

ψ概略。ψとは、観念芸術の草分け松澤宥の別称である。ψはギリシャ文字で、精神を意味し、また物理学の量子力学では、波動関数を現す。「ψプサイ」は大きく三章からなる。第1章、松澤氏が、一九六四年、「オブジェを消せ！」との声を聴き、それまでに制作した絵画やオブジェ作品を封印した屋根裏部屋を撮影。第二章、一九九二年出版の「量子芸術宣言」を、原発崩壊後のフクシマに重ねた。「量子芸術宣言」は、量子を感得するための方法を、科学、宗教、芸術の観点から探求している。第三章、二一世紀に入ってからの松澤氏のパフォーマンスの記録。「ψプサイ」は、量子芸術への手がかりを探す作品である。

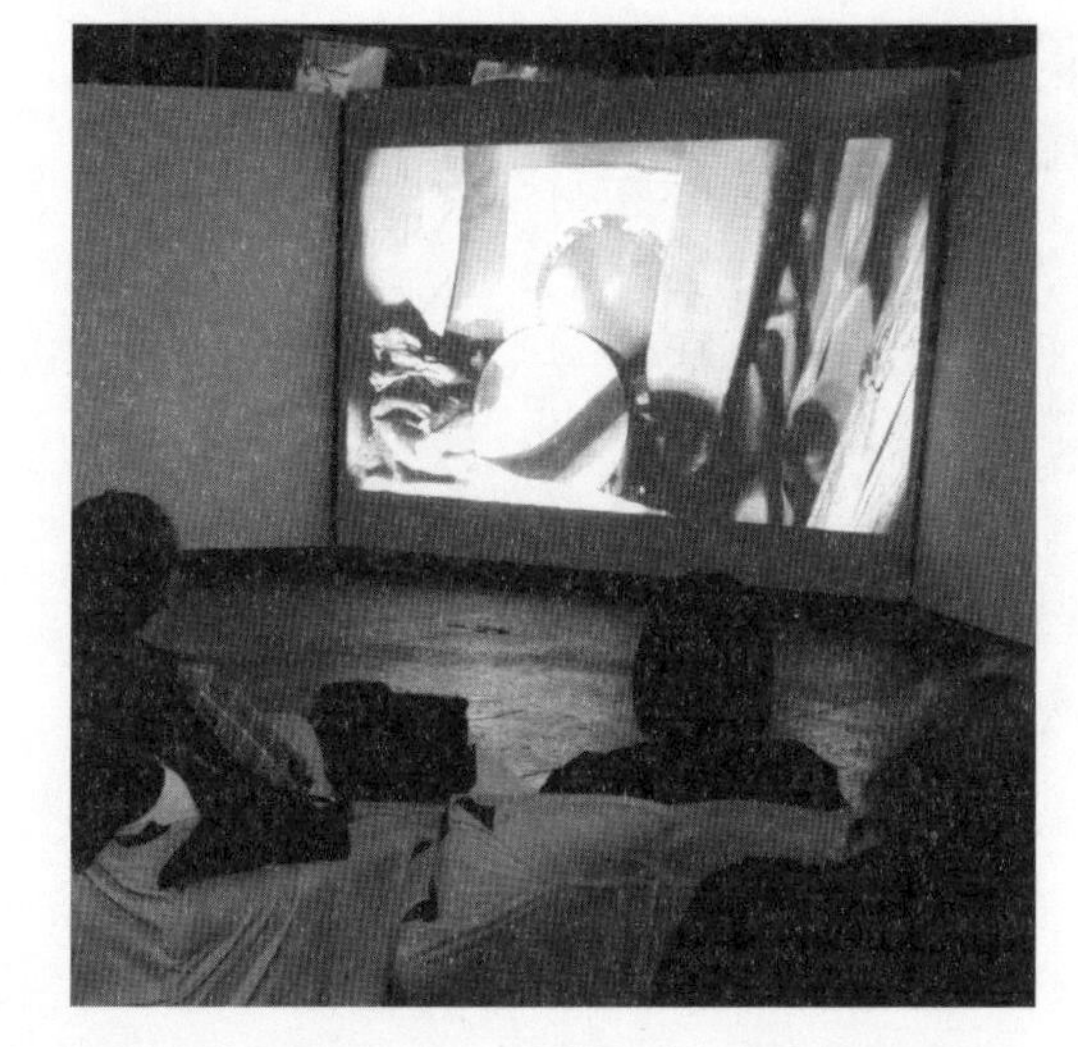

083

石巻こども新聞先生

10月25日［土］

門脇 篤

一九六九年宮城県生まれ。
［メディア歴］
二〇一〇年一月、千葉県船橋法典での企画中にユーストリーム中継を開始。同年一〇月、一九八〇年に創刊され数年で廃刊となった新宿のタウン誌「たあみなる」を元発行人と交渉し、「たあみなる二〇一〇」として一時的に「復刊」させる。二〇一一年一二月、太田倫子氏とともに一般社団法人キッズメディアステーションを設立、翌年三月「石巻日日こども新聞」を創刊。

「石巻日日こども新聞」は、石巻を中心としたエリアに住む小学生から高校生までのこどもたちが、自分たちが知りたいこと、会いたい人に取材し、記事にして伝えるメディアです。震災後、全世界からの支援が行われる中、受け手にならざるを得ないことが多かったこどもたちが、伝え手に回る場として 始まりました。地元紙・石巻日日新聞の協力を得て、本物の新聞と同じ仕様で三ヶ月に一度、五万部発行されています。購読など詳細についてはウェブ(http://kodomokisha.net)から詳細をご覧いただけます。

マスメディアは、ともすると架空のイメージを作り出す装置になりかねませんが、我々が震災から学んだ大きなことのひとつは、「顔の見える関係の上にしか関係と言うに値するような関係は築き得ない」ということでした。こどもの目を通して、学校の出来事やクラスメートのことのように伝えられる「被災地」や「復興」や「有名人のこと」は、震災が反転させせた、すでにもう風化によって遺物のようにすらなりつつある世界の見え方の、しかし確かに我々があのときに見ることができた風景を伝え る、貴重で最良のメディアであるように思えます。

みらいの石巻
が来たくなる石巻
記者魂 シリーズ3
石巻日日こども新聞
80年前の同窓生
私が通う門脇小学校の歴史
記者魂 シリーズ4
Kids Media Station
2010年 8/24 と
12年 4/28 の石巻
石巻日日こども新聞
みら

084

FRP先生

竹内寅栄

大正一四年、香川県生まれ九〇歳
昭和二〇年日本海軍佐世保海兵入団
昭和二二年横浜竹内塗装店創業
昭和二九年強化プラスチック（FRP）資材販売開始
昭和四〇年FRP漁船開発と技術指導及び資材販売開始

ガラス繊維とポリエステル樹脂で形成する技術は船以外にも色々の物が作れるのではと当時夢の素材と言われた。其の資材を販売するのだから自分が製品を作れなくては駄目だと思い、資材の使用方法や形成の仕方を勉強して、初めて使う人に教えなくてはならないと考えた。資材の事はガラスメーカーや樹脂メーカーに教えて貰い、自分でサンプルを作って研究した。当社の関係は船が多かったのでFRP漁船研究員になり、毎月研究会に参加した。又、造船所もまわって研究した。漁船が普及するのは昭和四〇年を過ぎた頃だった。

私は、サンドイッチ構造の船が大変だったので、当時建築材として使われていた化粧合板を木型の内側に貼って型を作れば綺麗な船ができる事を考え、静岡の造船所にて私の工法で型を作って貰い、FRPを作った。その船が大変綺麗であり、又も木造船より簡単だったため、日本各地で説明会と実演講習を行った。昭和五〇年頃には宣告の木造船を作っていた造船所の八五％が船を作るようになった。私が考えた簡易雌型工法のFRP漁船が普及し、今では全国に三〇万隻もある。しかし、木造船は使用年数が一〇年であったが、FRP船は四〇年経ってもまだ使えるので、造船数が極度に減少した事は残念です。

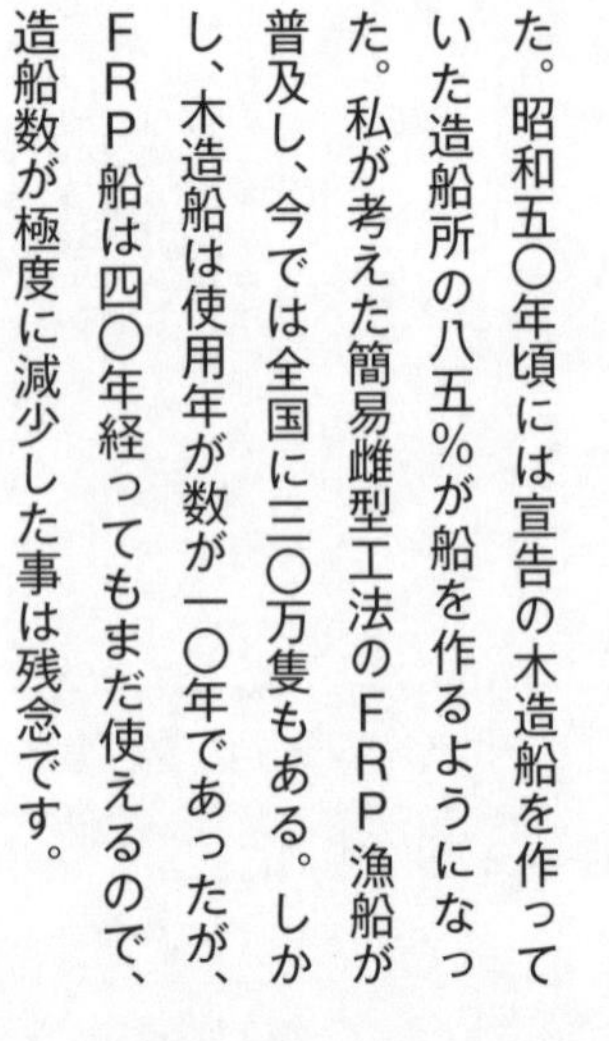

10月25日［土］

085

100キン先生

ヒャッカソン実行委員会

10月26日［日］

二〇一四年春、とあるハードウェア系ハッカソン※(注釈下)のイベントで同じチームになったエンジニア・デザイナー三名と技術メンター一名の雑談から生まれました。試作品であればゼロから作る必要はなく、手に入りやすい一〇〇均グッズを材料に、さくっとアイデアを形にできたらそのほうがいいんじゃないか。より便利なもの、欲しいものを1日で作ってしまう一〇〇円グッズでのハッカソン「ヒャッカソン」やろ！が実行されました。

一〇月二六日講師：田中徹、竹内伸、竹澤ひさみ

わたしたち「１００キン先生」の一コマ授業では、いつもはヒャッカソン前半でやる“アイデアソン”の部分を体験してもらいました。ブレイン・ライティングという手法で、Ａ３のコピー用紙を４×３折＝12個のマスを作り、そこにアイデアを３つかいて隣の人に回します。回ってきた紙を受けてアイデアをまた３つ書き足し上書きもしてしまいます。ぐるぐる１周２周させていくうちに自分のアイデアが膨らんでいったりパクられたり。基本ルールとして、まねっこやパクり大歓迎。出てきたアイディアはすべて皆で共有/公開します。単に技術的に、上手に、つくる事じゃない、脳をぱかっと開いていくプロセスを楽しく体験してもらう時間。いつもならこのアイデアソンの次にヒャッカソン本番です。電子工作やプログラミングだけでなく単なるチョイ足しの工作も多く、ニヤッとする面白いものが毎回生まれています。「それと同じ物を作りたい」とやってきた人も、かならず新しいものを作りはじめます。ほめ言葉は「ナイスヒャック！」

※ハッカソン(hackathon)とはソフトウェア開発分野のプログラマやデザイナー、設計者らが集中的に共同作業をする開発プロジェクトのイベント。一般的に１日から一週間の期間で開催される

※二〇一五年四月現在、東京７回、東北３回、湘南でも開催予定。主催は会場ごとに設定、実行委員は全国で30名くらい

086

入れ墨先生

彫よし

一九四六（昭和21年）静岡県島田市に生まれる。二一歳の時、横浜「彫よし」によって背に天女と龍の刺青を彫る。一九七一年「彫よし」の部屋住み弟子になる。一九七九年「三代目彫よし」を襲名。一九八五年ローマで開催された「タトゥーコンベンション」に招待される。

私の好きな言葉の一つ、中国古典「大学」の中に一苟日新、日日新、叉日新一と言うのがある。

この文に〈苟（まこと）に日に新たなり、日々に新たに、叉日に新たなり〉と読み自己啓発に努める。自己を鍛える為に自覚的教えである我、座右の銘は「守」「破」「離」と共に私はこの言葉を常に再確認し　刺青に対する知識、技術はもとより、人格向上の修行を積み重ねていきたいと考えている。

10月26日［日］

剛氣

087

アボリジニ先生

金森清姫

一九八〇年横浜生まれ。二〇〇六年から渡豪し、二〇〇七年よりアナングと呼ばれる中央砂漠のアボリジニ先住民たちと関わるようになる。翌年二〇〇八年から二〇一二年まではウルル（エアーズロック）の麓を案内する文化エコツアー会社『アナングツアーズ』の同時通訳としてピチャンジャジャラ語から英語、または日本語への観光通訳に携わる。二〇一二年よりアナングたち自らがコミュニティ運営としてNPO法人『ウルル・アボリジナル・ツアーズ』を発足、ボランティアとして立ち上げに参加し、二〇一三年五月に日本へ帰国。

ウルルの麓のアボリジニ居住区の人たちと知り合い、主にピチャンジャジャラ語を話す彼らから言語を教わるようになって一年程の交流の末、ウルルでの先住民文化エコツアー会社で通訳ガイドとして働き始めました。彼らの案内するツアーとは、自分たちの言語で観光訪問者たちをウルルへ案内し、ドリームタイムと呼ばれる神話や生活基盤の掟などを含めた文化概念を体験してもらうもので、そこに同行する同時通訳として私は五年ほど共に働き、共に生活してきました。自然環境と人々の営みの深い関係や、神話・民話の成す役割と重要性について学び、考えてきました。彼らの叡智は砂漠という厳しい自然環境によって守られ、三万年以上の間大きく変化すること なく奇跡的に今日まで継承され、現在は世界文化遺産として守られています。帰国以来、そんな彼らの文化や生活を日本人からの視点で紹介しています。

10月27日［月］

088

夢先生

フランシス真悟

一九六九年サンタモニカ生まれ。若い時非常に大きい、印象深い夢を見て、これはなんだろうと思った。夢が不思議でしょうがなくって忘れないように書き始めた。大学に夢についての授業を受けて興味がますます深まった。夜の夢だけではなくって、自分の人生への夢はなんだろうと思った。

人は夢をほぼ毎晩見ています。なぜ寝てる時にいろんな不思議なものを見るんだろうか、何のためにあるのだろうか。レクチャーでは夢はどういう機能をはたしているのかを簡単に説明します。夢は忘れやすいので、自分の夢を覚えて記録するために夢日記の付け方を教えます。夢先生が前もって準備をしてあるノートを参加者に配ります。ベッドや布団の隣にノートを置いてもらうことで、朝起きたら早速夢書き出すこと。そして、印象に残ってる夢を絵に描いていただきます。夢を絵に表現した後に一人一人順番づつ描いた夢の説明をみんなの前でします。夜の夢はこれで終わりです。

次に自分が持ってる自分の人生に対しての夢を考えてもらいます。自分がこれからどういうことをしたいのか、今の生活が人生の夢に向かっているのかを文字に書いてもらいます。自分の仕事、ライフスタイル、環境などが人生への夢と一致しているのかを考えてほしい。書いたあとに一人一人自分の人生の夢をみんなへ話しをしていただきます。

10月28日〔火〕

089

鳥取先生

林 曉甫

一九八四年東京都生まれ。二〇一二年、鳥取県内各地で開催されたアートプロジェクト「暮らしとアートとコノサキ計画」に前職BEPPU PROJECTの担当者として八頭郡智頭町と倉吉市明倫地区に通う。また同じく二〇一二年、鳥取で活動する劇団「鳥の劇場」と共に、イギリスにある実験的芸術スペース「メタル」を訪問。二〇一四年は「鳥取藝住祭2014」に総合ディレクターとして関わる。鳥取県に通う中で、県内各地の魅力に惹かれ、この場所で生きる人といいプロジェクトを実施し立派な鳥取先生になれるよう、日々勉強中。

東京生まれの私が、鳥取県を初めて訪れたのは二〇〇八年の二月だったかと思います。雪の降る中、廃校になった幼稚園と小学校を改修してつくられた「鳥の劇場」（鳥の劇場は劇団名であり、かつ劇場の名前になります）を初めて訪れたとき、その空間と、彼らの取組に感銘を受けたことを覚えています。そこからのご縁で、前職のときから仕事を通して鳥取県との関わりを深めていくことになりました。そして、二〇一四年は「鳥取藝住祭」（とっとりげいじゅうさい）という、県内各地にアーティストが滞在し作品制作を行うプロジェクトの総合ディレクターを務めさせて頂きました。これは、鳥取県内の各地域で活動する団体が主体となり、地域でアーティストを受入れ、そしてアーティストと共にアートプロジェクトを展開していくという取組です。そして、その取組の先に藝が身近にある暮らし、藝を生み出す人が暮らす地域が増えるといった、藝と住が共存する「藝住」という状態を鳥取県内につくりだしていきたいと考えています。鳥取県、いいところですのでぜひ一度お越し頂ければと思っています。

10月29日［水］

090

いじめ探偵先生

10月31日【金】

阿部泰尚

［探偵調査歴］
およそ一四年、いじめ解決歴およそ一〇年。二〇〇四年から探偵業界で初めていじめの解決調査を行い、その実態を見て、本格的に調査を対策を始める。以降二五〇件以上の調査対策を実施し、全ての問題を解決に導く。相談件数の累計は、四〇〇〇件を超えており、国内で最も多い実績を持ついじめ対策のエキスパートと評価される。

座では、一般の方がもっとも疑問に思う、なぜ探偵がいじめを調査するのかということを、実例を含めて説明し、現状の教育を含めた子どもを取り巻く環境の異常性を伝えた。

誰もが探偵には馴染深く無いはずです。なぜなら、我々探偵はトラブルが起きないと出番は無いですし、トラブルの中でも探偵が出るというのは、少し特殊です。

ですが、クライアント様の多くは、そもそも、探偵の世話になることは想定していません。つまり、探偵が必要になるようなトラブルは、誰もが巻き込まれる事があるのです。だからこそ、私は探偵がいつまでもアウトローのお人よしではいけないと考えています。

浮気調査に関しても、いじめ調査に関して、裁判が絡む法律問題も同じで、我々探偵は真摯に問題に対応するプロフェッショナルでなければならないと考えています。その考えが弊社のみでは実行され、その結果が、いじめ調査対策において、探偵業界初となる社会貢献事業が始まり、現在では公益事業化しました。何が公益事業化と言えば、我々の行う調査や対策は全て支援金の対象となり、依頼者となる被害者からの依頼は、全額無料とする事ができるのです。さらに、様々な大人のフィルターがかかり実態が表面化しづらいいじめを含めた子どもたちを取り巻く問題も、ダイレクトに官公庁に届けることもできます。届かぬ声をも拾い上げる、存在が抑止力になることを目指し、今後も一人でも多く、子どもやその親、さらには加害者をも、救いたいと思います。

091

客船飛鳥Ⅱ先生

藤田萬せ

一九五二年岩手県久慈市生まれ。一九九三年から約七年間、客船「飛鳥（初代）」に乗組員として乗船。チーフパーサー、ホテルマネージャーなど歴任。これまで世界約七〇ヶ国に渡航経験あり。南極大陸への上陸経験もあり。

11月1日［土］

日本最大の客船「飛鳥Ⅱ」の母港は横浜です。横浜は古くから港町として栄えてきました。そんな横浜を母港としていることを誇りに思います。「一〇〇人先生」も、横浜とのご縁が導いてくれたのだと思い、感謝しております。客船での旅＝船旅＝クルーズは、何となく遠い世界のように感じたり、とっつきづらいと感じている人が多いようですが、一度乗船するとそれまでの先入観が嘘のように取り払われ病みつきになる人が多いようです。

こんなに楽しい旅の形があったのならもっと早くから知っておけば良かった、と多くの方がおっしゃいます。船旅は、「旅の究極の形」と言っても良いかもしれません。運送機関であり、宿泊施設であり、お食事やお飲み物を楽しむところであり、様々なショーやエンターテインメントを楽しむ空間でもあります。

船旅の魅力の一つに、「寄港地がやってきてくれる」という感覚があります。こちらから出かけて行くのではなく、朝目覚めたら寄港地が目の前に来てくれていた、と多くの方が思うようです。荷物移動のわずらわしさから解放されるのも船旅の魅力です。

皆様もぜひ一度ご乗船下さい。飛鳥Ⅱはワンナイトから一〇〇日間を超す世界一周クルーズまで様々なクルーズをご用意してお待ちしております。

092

ネイルチップ先生

11月1日〔土〕

山本 茜

一九六八年東京都生まれ。
二〇一二年ネイルサロン勤務の傍ら、コンペなどにネイルチップを投稿。
二〇一三年ネイルチップのオーダーを受け、制作開始。
二〇一四年一〇〇人先生の講師「ネイルチップ先生」として登壇。

学生時代は美大で鋳物を学んでいました。卒業後だいぶ経って、ひょんなことからネイルの勉強を始め、ネイルサロンで働いていました。今は地爪にではなくネイルチップ専門で、お客様のフルオーダーにお応えしています。

お客様の指先を水で固まるシリコンで型を取り、石膏原型を作ってからそれに合わせて一枚ずつ丁寧にお作りしています。そして、出来たネイルチップに細密描写を施していきます。『女性は死ぬまで女性として輝いて欲しい！』元々は男性として産まれて来た私だからこその思いです。

一〇〇人先生では、生い立ちと過去の作品をパンフレットにしてご説明しました。その上、実物のネイルチップを手に取ってもらいながら、制作秘話などもお話し致しました。

そして、アートと共に大切にしている分野は、ネイルケアなんです。当日の授業の中でも、簡単に出来るケアや爪もみ、オイルの塗り方などを皆さんと一緒に行いました。

普段ネイルが出来ない方も、ネイルチップならその時だけ着けて出かけられますので、ジュエリー感覚で楽しまれてるご様子です。

093

東アジアの夢先生

11月1日［土］

池田 修

BankART1929代表・PHスタジオ代表。一九八四年、美術と建築を横断するチームPHスタジオを発足。代表作にダムに沈む村と関わった「船、山にのぼる」がある。一九八六〜九一年ヒルサイドギャラリーディレクター。二〇〇四年からBankART1929の運営に携わり、数々のアートプロジェクト、アーティスト支援、出版等を行なってきている。街づくり関係でのシンポジウム参加も多い。

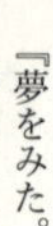

これまでいろんな展覧会を企画してきて、「なぜこんなのをやっているのか」なんてことを自分から話すことはめったにないけど、せっかくの開発さんの一〇〇人先生なので、一度だけちゃんと話しておこうと思ってお話した。

『父と母の国からたくさんのことを学び、受け入れ、新しい国家はつくられた。兄と姉の国とは、喧嘩と仲直りを何度も繰り返しながらも様々な苦難を乗り越え、共に荒野を切り開いてきた。それなのに、私たちの先祖は大きなあやまりをおかしてしまう。壊してしまったガラスは、そう簡単にもとに戻ることはない。民族の分断や国家の分裂を引き起こした全てのことに対して、私たちは責任を持ち続けたいと思う。同時に、壊してしまった関係を新たなかたちで再生するべく、「東アジアの夢」をみ続け、共に力強く歩むことも始めなければいけない。』（一部省略）

これは、もともとパスポートに掲載しようと思っていた文章の一部。実際につかったのは次。


『夢をみた。

遠い昔に別れてしまった大切な人に会う為に、旅にでる夢をみた。

数百年も、数万キロもいっただろうか？どんなに歩いても、その人はみつからない。国を過ぎ、空と海を超え、戦地をくぐり抜け、干ばつと極貧を往く。夜露の中で眠っていると、祖母のような人がそっと銀色の毛布をかぶせてくれる。坂道が続く道では威厳に満ちた大きな馬に乗った人が何キロも引っ張ってくれた。大切な人にはなかなか会えないけど、たくさんの教えを受け、見知らぬ人の優しさに出会う。それなのに先を急ごうとするあまり、その人たちの家や畑を壊してしまう。本当はごめんなさいを言いたいのに、ごめんなさいも言えずに、後ろを振り向かないで、走り続ける。道で出会った小さな子どもは、はにかみながら臆病そうにこちらを見ているが、通りすぎたあとの背中に感じるのは、憎悪と哀しみだ。

嫌悪と疲れでピークを迎え、本当に大切な人は誰なのかもわからなくなって、どうしてあのときあやまれなかったのか、どうして「ごめんなさい」と「ありがとう」を……。小さな祠で寝入ってしまう。

夢をみた。

白髪の翁がそっと肩に手をかけ、ささやきはじめる。

少し休んだら、またいきなさい。あなたが探している人は必ず見つかります。

あなたが誠実に一歩一歩、旅を続ければ。

あやまるという言葉には、誤るという意味と謝る（感謝する）という意味があること……。

岩からしみでた冷たい水で夢は覚めた。』


この変化、これではたしてよかったのか、今でも自分の中では決着がつかない。そんなこんなも含めて、こういうこともあるってことを皆さんにこっそりとお伝えした。

094

横浜映画研究先生

山岸丈二

一九七〇年東京都生まれ。
［横浜映画研究歴］
二〇〇七年横浜の映画館「シネマ・ジャック＆ベティ」の再建にボランティアとして参加。同館の横浜映画特集などの選定にも協力し、第1回黄金町映画祭実行員、第1回～4回横浜みなと映画祭実行委員を務める、映画祭の企画である「横浜映画ロケ地ツアー」を開催。
二〇一一年、季刊誌「横濱～歌、映画、ドラマに見る横浜」－横浜映画の変遷を執筆。二〇一三年、横浜信用金庫創立九〇周年企画「横浜クロニクル」－映画に残された街の記憶を執筆。

横浜港を中心としたムード溢れる横浜ではこれまで数々の映画が撮影されてきました。戦後の荒廃した横浜を舞台にした美空ひばり主演の「悲しき口笛」、日本中にムード溢れる横浜を印象づけた石原裕次郎主演の「赤いハンカチ」、新たな中心地として発展する横浜駅前を写した黒澤明監督の「天国と地獄」、高速道路の建設で消えゆく中村川の風景を記録した前田陽一監督の「虹をわたって」「喜劇 家族同盟」、みなとみらい21地区とは対照的な裏町・黄金町で撮影された林海象監督の「我が人生最悪の時（私立探偵濱マイクシリーズ）」。

横浜映画の変遷をたどると、時代と共に変わりゆく横浜の街を見ることが出来ます。映像には有名な建物だけではなく、よく通った何気ない街角や飲食店など、記憶の片隅に残る失われた風景が記録されています。そしてロケ地を探訪すると、目の前には失われた風景とともに映画のシーンが蘇ります。いつも見慣れた風景も永遠に残るわけでなく、時の経過とともに少しずつ変わって行きます。二〇一三年公開の「ヨコハマ物語」などの最近の映画も、一〇年後に見直すと無くなった風景が見つかるかもしれません。映画は時間をおいて見直すと色々な発見があるものです。

11月2日［日］

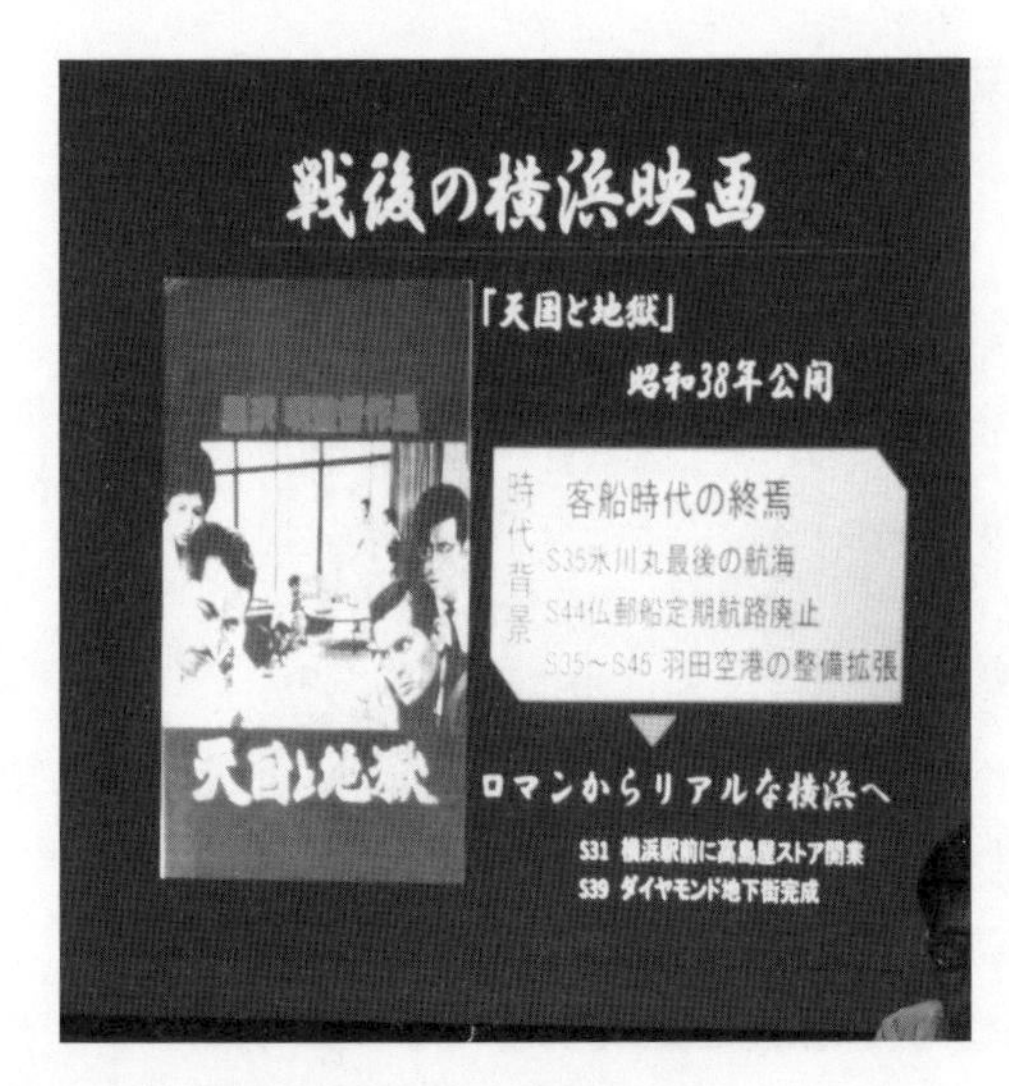

戦後の横浜映画
「天国と地獄」
昭和38年公開
時代背景
客船時代の終焉
S35氷川丸最後の航海
S44仏郵船定期航路廃止
S35～S45 羽田空港の整備拡張
天国と地獄
ロマンからリアルな横浜へ
S31 横浜駅前に高島屋ストア開業
S39 ダイヤモンド地下街完成

095

藤田嗣治先生

村田 真

［藤田嗣治］
一八八六年東京生まれ。一九一三年渡仏、エコール・ド・パリの画家として活躍。一九四一年太平洋戦争勃発、作戦記録画に没入。一九四九年離日し、以後フランスに永住。一九六八年チューリヒにて没。

最近は甘美なエコパリの画家としてより、酸鼻をきわめる戦争画の巨匠として人気が高まりつつある藤田です。そんな私の戦争画が、実はドラクロワやルーベンスといった多くの西洋絵画からサンプリングされたものであることをご存知でしたか。いや、そうした西洋絵画に単にヒントを得たというだけでなく、それらのエッセンスを採り込むことで巨匠たちの末席に連なり、私の師である黒田清輝でさえ成し遂げられなかったホンモノの「歴史画」を日本に確立し、あわよくば美術史に名を残そうとしたのです。しかし残念ながら、日本は戦争に敗けました。この敗戦によって、近代日本につかのま打ち立てられた「歴史画」は隠蔽され、だれも受け継ごうとしなかったのですから……。そんな私の独白です。

11月2日［日］

096

アスト長町あれこれ先生

村上タカシ

熊本県八代市生まれ。二〇一一年三月一一日の東日本大震災でできた仙台最大のあすと長町仮設住宅の支援をＮＰＯ連携であれこれ始める。チャリティで使えるプロジェクトマネーなどをつくりアートプロジェクトもあれこれ行う。仮設住宅の無機質な壁にペイントしたり、アート神輿を設置しアート仮設にする取り組みをあれこれ継続中である。

一九八六年より畳やお米を使った作品などあれこれアート活動を開始。東京杉並区で一九九四・九六年のIZUMIWAKU project「学校美術館構想」展や二〇〇三年より仙台で「観光とアート」展や、二〇一〇年より「アート・インクルージョン」など数々の学校やまちを使ったアートプロジェクトをあれこれ企画実施。二〇一一年東日本大震災以降は「3.11メモリアルプロジェクト」（のこすプロジェクト）やNPO連携で「桜3.11_学校プロジェクト」（しめすプロジェクト）など復興支援もあれこれ展開。あすと長町仮設住宅でもNPOメンバーらとコミュニケーション型のワークショップ「おしるこカフェ」や無機質な仮設住宅の壁にペイントなどあれこれ継続中です。

MMIX Lab（http://mmix.org）

11月2日［日］

photo MURAKAMI Takashi

ＭＭＩＸ〈アートボンプ計画〉仙台〈あすと長町仮設住宅〉二〇一三
東京藝術大学先端芸術表現科・音楽環境創造科学生によるアート神輿

097

だまし先生

吉野もも

一九八八年 東京生まれ。
［だまし絵歴］
七年、表現活動をはじめてから一貫して視覚的効果を用い、空間があるかのように見えたり、立体に見えるように描いた絵などを制作。二〇一二年、黄金町バザールに参加、家一軒の外壁に壁画を描き話題となる。同年、東武スカイツリーラインの高架下に全長三〇メートルに及ぶ壁画を制作。Hasu no hanaギャラリーで行った個展では襖に奥行きを描いた作品を発表。場所を問わず、仮想空間をつくりだすことで非日常の世界を生み出している。

11月3日［月］

だまし絵の歴史は二〇〇〇年以上前に遡る。その後ルネッサンスでさらに多くのトロンプルイユ技法が発達。教会の天井画や貴族の個人宅の壁など、多くの場面で装飾として使われてきた。よく耳にする「トリックアート」は日本語の造語で、元々なんとなく使われていた言葉だったが、福田繁雄が海外のそれらを日本に紹介し、広く浸透させるのに一役を買った。しかし同時に、トリックアートミュージアムを企画している株式会社エス・デーが登録商標を取得している。錯視などを使った作品群のことを指す言葉として使われているが、エス・デーは自社で制作しただまし絵作品のことを言うのであり一般名称ではないとしている。この言葉の問題がある。対して私は表現活動をはじめた当初から、だまし絵的な技法を使って作品を制作してきた。はじめは単に、ここに急に穴があいたら面白いのではないかという思いつきからはじまった。小さい頃、図鑑の絵を描く人になりたかったので、本物よりもリアルな絵への憧れを持っていたのと、優柔不断な性格を乗り越えるため、あえて直線や曲線、はっきりした形を描きたいという思いが合致した。やはりだまし絵というのはアートが分からなくても見て分かる、楽しめるという点が何よりの魅力だ。今回の講座では、簡単な「穴」の描き方をレクチャー、体験していただいた。

紀元前六〇年頃に制作されたとされる、イタリア、ポンペイ遺跡の秘儀荘の壁画。現実空間にあるかのような舞台が設定され、台がせり出しているような表現も見られる。紀元前からだまし絵表現があることに驚きだ。

098

フィジカルシアター先生

石本華江

一九七九年六月二〇日生まれ。二〇〇九年アメリカにて師、和栗由紀夫より習得した土方巽の作り出した作舞法「舞踏譜」のメソッドを初めて指導する。以降アジアを中心に5カ国にて、定期的に舞踏譜やフィジカルシアターのワークショップを行なう。二〇一四年BankART Studio NYKにて、初めて日本において舞踏譜を教える。

代々日本舞踊を嗜む一家に生まれるが、四歳にてダンスを志望。以来ジャズ、モダン、コンテンポラリーダンスを行い、一九九九年愛媛よりダンサーを目指し上京。ジャンルレスな独自のスタイルを築くことを目指し、演劇、インド、ジャワ舞踊なども始める。二〇〇二年より舞踏家和栗由紀夫氏に出会い、以来全作品に関わる。二〇〇三年より、CO.山田うんのメンバーとして活動に参加する。東洋的な身体性とボーダーレスな感覚で、舞台上での存在感の強さには定評がある。

主な客演としてレニ・バッソ、パパ・タラフマラ、冨士山アネット、木ノ下歌舞伎の作品。舞踏譜に基づいたソロ舞踏作品『半分少女』にて、二〇一一年よりアジア、ヨーロッパ八カ国ツアーを行った。他にも映画や演劇での振付、または写真モデルとしても活躍するなどその活動は多岐にわたる。現在ミュージシャンとのコラボレーションユニット、妄人(わんにん)文明及びサンドラムのメンバーでもある。

11月3日[月]

当日は言葉を通じてイメージを身体化させる土方舞踏独特の作舞法を、図版や過去作品の振付と共に紹介した。そして「花粉の歩行」を実践することにより、舞踏の創始者土方巽が作り出した非常に複雑かつユニークな「舞踏譜」メソッドの一端を体験してもらった。

JOE COOL

099

おっぱい先生

のぎすみこ

一九五六年福島県生まれ。
［おっぱい歴］
「おぎゃー」と産まれたその日から。小学校高学年からぐんぐんと大きくなる自分のおっぱいに嫌悪感。二〇〇〇年から「おっぱいマフラー」を制作。フィリップモリスk.kアワード2001や、GEISAI MIAMI #1に選出される。

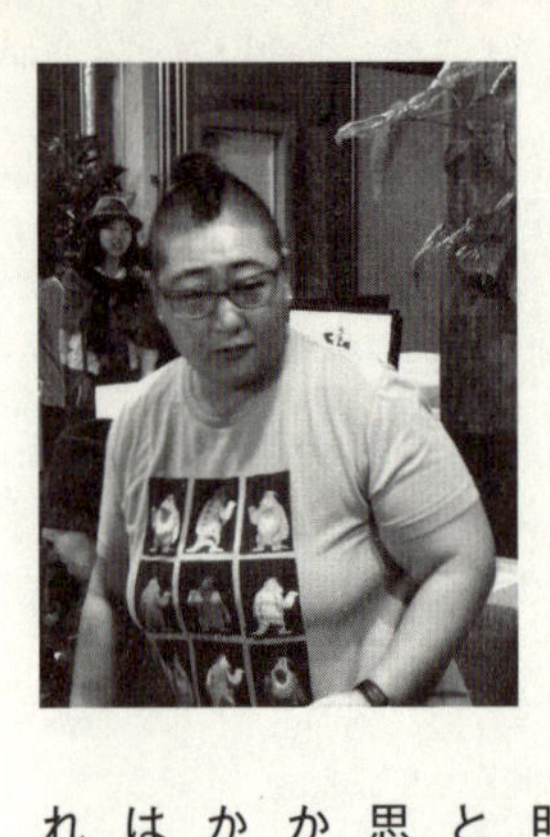

11月3日［月］

制作活動五年目の二〇〇〇年、「個人的な事は社会的な事、社会的な事は他人事に非ず」と言う考え方の中で、「親殺し子殺し」や「家庭の問題」について熟慮していた。私自身の家庭環境や、個人的嗜好から見えてくる「性」に対する多勢との「ズレ」や、「母子」に抱いているであろう普遍的な印象への「違和感」を、社会的な問題を通して、個人的な感情に落とし込めるような表現を模索した。世界中の誰もが持つ共通認識でありながら、誰とも同じ観念を持ち得ない題材として「おっぱい」を選んだ。色や形や大きさが違うだけでなく、明らかに作り物である「それ」を「おっぱい」と思うのは何故か、「おっぱい」に対して何を思い感じるのか、老若男女にその差はあるのかを問い、語りたかった。柔らかい素材で、暖かいイメージのマフラーにしたのも、「貴方は暖められていますか？それとも締め付けられていますか？」と言う、問いかけからの形状であった。手作りのマフラーは、愛と束縛の象徴と思った。柔らかい彫刻「おっぱいマフラー」は、身に着けてその姿を自ら観る事で完成する。視覚と触覚からの印象、個人的な感情、制作者の作品意図との「ズレ」を持ち帰ってもらった。

100

烏龍茶先生

平田 功

一九五九年神奈川県生まれ。

［烏龍茶歴］

中国茶や中国酒に関する商品情報の紹介を目的に株式会社ファイブエムを二〇一二年に設立、烏龍茶（青茶）や白茶、白酒などから高級ブランド品を選んで紹介するセミナーを開催しています。今後も地道な調査とセミナー活動を続け、将来は情報発信拠点を運営したいと思っています。

11月3日［月］

バブル経済の頃、高級ブランド品が注目を集めました。なかでも当時はフランスなどヨーロッパの服飾品が注目の的でした。バブル経済崩壊後の日本は、安価な労働力を求めて中国へ進出し、さらにリーマン・ショック後は世界経済の焦点が東アジアを中心とする新興国へ移ったことを受けて、中国との関係を一層深めました。

このような背景から私は中国を、そして中国の高級ブランド品を調査対象にしました。そうはいっても中国の高級ブランド品とは？多くの日本人にとって、中国といえば動物園のパンダしか思いつかないかもしれません。それでも調査を進めると、茶が中国の伝統品であり、高級ブランド品と呼べる中国茶もあることがわかりました。以来、烏龍茶をはじめ中国茶の高級ブランド品の紹介を行っています。講座当日は、福建省武夷山にある茶農家の作業場で自ら製茶した武夷岩茶の最高峰、大紅袍を試飲していただきました。烏龍茶といってもペットボトル飲料しか馴染みのない方々にも、茶葉をご覧いただき、茶葉から淹れた烏龍茶を楽しんでいただいたことで、改めて興味を持っていただけたと思っています。合わせて東アジアの夢に相応しい講座ができたものと自負しています。

100人
先生
200円
11月3日(月)
2Fライブラリー
97人～100人先生
14時
15時
16時 おっぱい先生
17時

100人先生 公開職員会議

日常もアートなんだ

「100人先生　横浜の東アジア」横浜・BankART Studio NYK

料理やダンス、ダウジングにレースクイーンなど、さまざまな視点で切り取った日常的な物事を、100人の「先生」が講義するプロジェクト「100人先生　横浜の東アジア」。現代美術家の開発好明(48)が主宰し、BankART Studio NYK（横浜市中区）で開催中だ。人と社会との関わりやコミュニケーションをテーマに活動している開発に話を聞いた。（下野　綾）

「100人先生」は、同所で開かれている展覧会「BankART Life Ⅳ　東アジアの夢」内の企画。少しでも自慢できることがあれば、誰でも先生になることができる講座だ。知識の共有と、人と人とのつながりを図るアート作品でもある。

「クンクン先生」の講義で、容器に入った謎のにおいを嗅ぐ参加者ら

9月9日に行われたのは「クンクン先生」。においと記憶との関連を追求するはまっ子の現代美術家、井上尚子が、においによるコミュニケーションについて講義を行った。参加者らは、においをめぐる幅広い話題に感心しながら、用意された容器内のにおいを嗅ぐなどして楽しんだ。

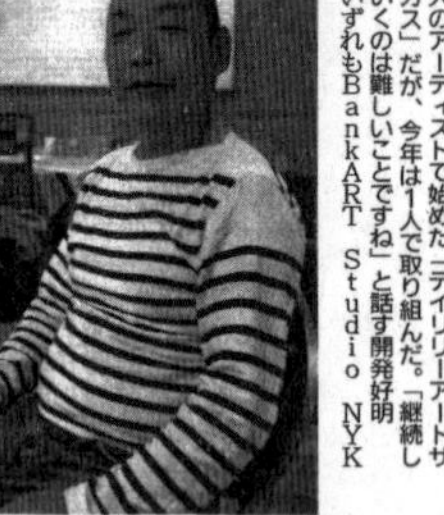

10人のアーティストで始めた「デイリリーアートサーカス」だが、今年は1人で取り組んだ。「継続していくのは難しいことですね」と話す開発好明＝いずれもBankART Studio NYK

今までに行った講座では、横浜から東アジアへの文化の広がりを意識。韓国人アーティストが三つの色の面白さを韓国語で伝える「韓国先生」、横浜美術館の天野太郎学芸員とラー油を作る「ラー油先生」など多彩な講座を行った。

開発は国内外の美術展などで、コミュニケーションの誘発を試みる多様な作品を発表してきた。メッセージ性の強いものもある。2012年3月、福島県南相馬市の福島第1原発から約20㌔の地点に掘っ立て小屋を建て、「政治家の家」として設置。今後の原発問題の是非を考える政治家専用の休憩場所にと、衆参議員700人に招待状を送った。

トラックに芸術作品を積み、移動しながら展覧会を行い、収益金を東日本大震災の被災地に寄付する「デイリリーアートサーカス」は、11年から続けている。今年も東北地区へまわり、子どもたちを喜ばせた。

「困っている人にお金がいくように、自分ができることをしようという単純な思い。それが楽しいものになったり、強いものになったりする」と取り組みを振り返った。

身近なことをきっかけにアートに触れてほしいという「100人先生」の原点は、指導していた多摩美大の学生たちと互いにパフォーマンスを見せ合う企画を行ったことにある。先生と生徒が、時に逆転する点に意味がある。

「上下関係のヒエラルキーを取り払った中で語られる話には、こんなこと人に話してもな、ということが意外に面白いことがある。非常にニッチで幅の狭い興味かもしれないが、そこがいい」。実際に毎日のように参加するリピーターや、先生だった人が講義を受けに来ることも多い。横浜で忘れ去られた人や物などを再発見する講義ができれば、と期待している。

「100人先生」は11月3日まで。木曜休講。平日は午後7時から、土・日曜は午後2時か3時から、基本は45分間。参加費は200円で資料代が必要な場合も。「東アジアの夢」のチケット（千円）が別途必要。問い合わせはBankART1929 Office ☎045（663）2812。

2014年10月6日 神奈川新聞

品質 保証
睦岡
優 良
3L
共 撰

三宅島の100人先生について

最初の一〇〇人先生は二〇〇九年の新宿のCCAAランプ坂ギャラリーで多摩美の学生と行った。その時には二〇名程度で行ったため、丁度一〇〇を目指した訳ではなく僕にとって一〇〇は沢山を意味した数字でもあった。

それから四年経った時に、東京都の文化発信プロジェクトの誘いを受け、伊豆七島の人口二五〇〇名の三宅島ので開催となった。大きさは山手線とほぼ同じで、海岸線には島内を一周できる道路がある。二〇〇〇年の大噴火によって、全ての島民が四年半にも及ぶ避難生活をする事になり、僕が島に入った一三年でさえ噴火口からのガスによって一部のエリアが避難地域のままだった。

一〇〇人の講座を行うために二年間で三回の滞在と合計で五ヶ月間島での生活をする事になった。自分で見聞きしながら、様々なジャンルの先生に協力して頂いた。

毎日のように三宅島大学の宿舎に遊びに来る彦坂伸也君はだいの釣り好きで、話をしているうちに百人一首が得意だと言うので、お正月という事もあり大きな手作りのカードを自作して百人一首先生をしてもらう事になった。この時の最年少先生でも

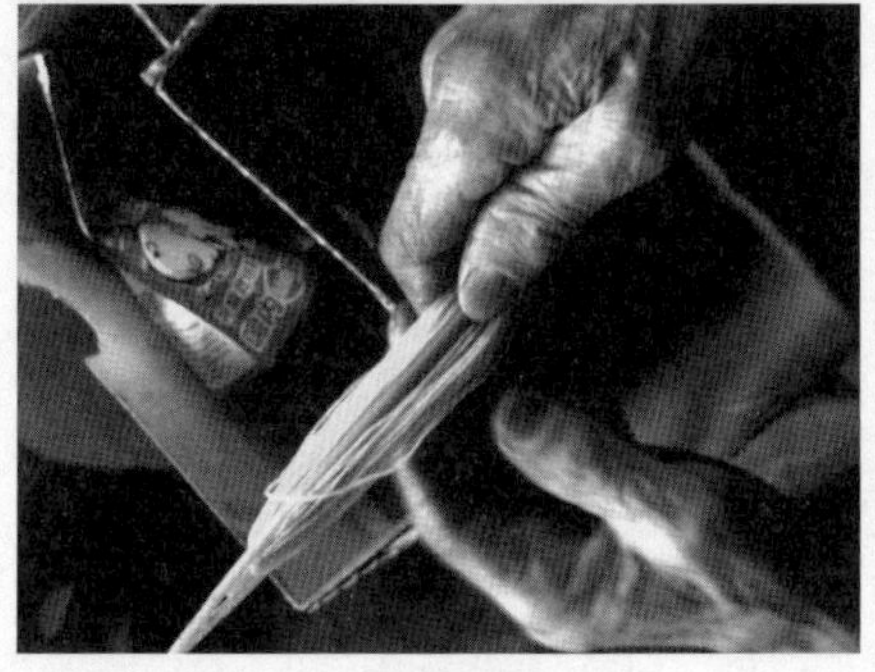

あった。また、スカリ先生の筑波栄一郎さんは「おおじい」と親しまれ、天草などを入れる漁具を作り続けている。島での開催だったため、できるだけ幅広い場所での授業を心がけていたので、この時は編み方を教わりに作業場での授業となった。このように100人先生は地域に入り、年齢性別を越えて誰でもがほんの少し熱中している事をご自身のスタイルで、もしくは僕自身が相談を聞きながら、ちょっとした人前での見せ方のアイデアを出しつつ、他ではなかなか興味を引きにくい内容や表現を取り入れた内容を行う事ができました。他にもジャックモイヤー先生や浅沼稲次郎先生など島との関係の深い故人の知り合いの方々から、当時のお話をお聞きしました。

ほこら巡り先生

三宅島の島内に点在しながらも避難した時期もあり山道が失われ、その存在すら忘れ去られてしまった山中のほこらを資料を頼りに発見された島崎先生の案内で見学しました。このような重要視されていない重要な活動を100人先生を通じで知り合えたのも2年間という時間が少なからず影響していると思います。大きく派手な作業は人に目に留まりますが、小さく地味な作業は目立ちにくく、ゆっくりと丁寧に探していかないと表面に現れて来ないものだと思います。そのため2年という月日がそのような活動にも目が向けられ、また先生をして下さった皆さんにも信用され参加して頂けたのではないかと思います。

100人先生を終えて

夏の暑い日差しが眩しい8月1日から始まり、いわし雲が青空に広がる11月3日の95日間の開催期間中、1講座の延期はあったものの無事100講座終える事ができました。

今回は、副題の東アジアの夢が示す通り、講座のジャンルの中に東アジアが入っています。他には横浜の歴史、教養、食、音楽、娯楽、身体、美術、東北など9ジャンルに分け出来る限り幅広い先生にお声かけさせて頂きました。多少楽観視していたものの、流石は400万人近い人が暮らす町。心配された先生は展覧会の進行と共に応募や紹介などで一癖も二癖もある先生方が集結しました。

韓国からの先生や、中国に祖父を持つ方、結婚後日本で暮らす方。

また寿町の再生プログラムの実践や被災者の横浜での受け入れ状況などもあり、娯楽など他の講座とは一戦を画する内容として、より深みのある講座になったと思います。

横浜トリエンナーレの開催中ということもあり、最初は当日展覧会を見に来られた方が参加する想定だったのですが、嬉しい事に数名のコア生徒が最終的に70講座以上を受講して頂きました。

多少の趣味によって控えた講座もあるかと思うが、それにしても嬉しい数字です。何が人を引きつけるのでしょうか？もちろん向上心、向学心もあるでしょう。

しかし100人先生の魅力はそこだけではないような気がします。

大好きな物をたらふく食べる、長編映画を見るのも満足できるでしょうが、小分けされたプレートのつまみやオムニバスの映画など、小さな集合体が見せてくれる、その物が持つ本質に触れた時の充実と期待感が100人先生の魅力とも言えます。

このような機会が無ければ発表しなかった先生がより深く探求したり、経験した生徒が自分自身での何か始めて先生になったり、新たな関係性と広がりが開校後も緩やかに広がり、この横浜という地をより文化的で豊かな街への小さな小さな息吹になれればと思います。

開発好明

「100人先生〜横浜の東アジア」は、BankARTLifeⅣ「東アジアの夢」のプログラムのひとつとして、開催されました。

BankART LifeⅣ **「東アジアの夢」**

2015年8月1日〜11月3日　会場：BankART Studio NYK

主催：BankART1929、2014年東アジア文化都市実行委員会
協力：森ビル株式会社、馬車道商店街協同組合、神奈川県、公益社団法人かながわ住まいまちづくり協会、ShanghART Gallery、ミヤケファインアート、青山｜目黒、The Third Gallery Aya、（株）青柳組、東神工芸株式会社 他

BankARTLifeⅣ
東アジア文化都市2014横浜
東アジアの夢

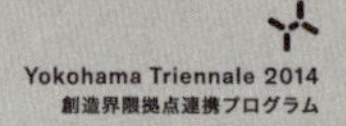

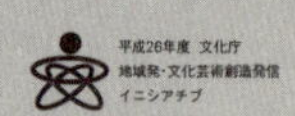

100人先生〜横浜の東アジア

2015年7月25日 第一刷発行

編集　開発好明、BankART1929
デザイン　北風総貴
写真　開発好明
中川達彦
他
印刷製本　株式会社シナノ
発行　BankART1929
〒231-0002 横浜市中区海岸通3-9
TEL 045-663-2812　FAX 045-663-2813
info@bankart1929.com

乱丁・落丁はお取り替えいたします。 ISBN978-4-902736-39-7 C3070 ¥800E